나부터
작은 것부터
지금부터

나부터 작은 것부터 지금부터

초판 1쇄 발행 2017년 2월 1일

지 은 이 임상국
발 행 인 권선복
편집주간 김정웅
디 자 인 서보미
전 자 책 천훈민
발 행 처 도서출판 행복에너지
출판등록 제315-2011-000035호
주   소 (07679) 서울특별시 강서구 화곡로 232
전   화 0505-613-6133
팩   스 0303-0799-1560
홈페이지 www.happybook.or.kr
이 메 일 ksbdata@daum.net

값 15,000원
ISBN 979-11-5602-453-8 03190

Copyright ⓒ 임상국, 2017

도서출판 행복에너지는 독자 여러분의 아이디어와 원고 투고를 기다립니다. 책으로 만들기를 원하는 콘텐츠가 있으신 분은 이메일이나 홈페이지를 통해 간단한 기획서와 기획의도, 연락처 등을 보내주십시오. 행복에너지의 문은 언제나 활짝 열려 있습니다.

삶의 정석! 자기계발의 기본! '먼저 행하라! 실천이 답이다'

나부터
작은 것부터
지금부터

임상국 지음

도서
출판 **행복에너지**

Prologue

'나작지'가 보낸 편지

'나작지'를 아시나요?

'나작지'란 낱말은 국어사전에도 없다. '나작지'는 '나부터·작은 것부터·지금부터'라는 낱말의 첫 글자를 따서 만든 신조어이다. '너 아닌 나부터·큰 것 아닌 작은 것부터·나중 아닌 지금부터'가 중요하다. 어떤 분야에서든 뛰어난 성과를 낸 사람들의 공통된 모습은 '나작지'란 행동을 지속적으로 실천한 사람들임을 알 수 있다. 난센스 퀴즈에 공으로 하는 운동 중 사람들이 가장 갖고 싶어하는 공은 성공이란 말이 있다. 진정 성공을 원한다면 '나부터·작은 것부터·지금부터' 먼저 행동行動하면 꿈은 이루어진다.

나는 10년 전 내가 가장 좋아하는 일과 내가 가장 잘할 수 있는 일을 찾고자 고민했다. 인생의 전반전은 끝났으나 전반전보다 훨씬 소중한 후반전이 남아 있다. 인생의 후반전을 알차게 만드는 데 결정적으로 기여한 것은 최근 6년 동안 1일 1독으로 2,000여 권의 책을 읽음과 15년간 꾸준히 실천한 달리기였다. 그 결과 내가 가장 좋아하고 잘할 수 있는 일을 찾고 선택함에 있어 출판과 운동을 어려움 없이 꼽을 수 있었다. 기회도 행운도 준비된 사람에게 주어진 다는 말에 동의한다.

나는 지금 수입의 많고 적음을 떠나 가장 잘하는 출판 일과 가장 좋아하는 운동을 동시에 하고 있다. 5년, 10년 후 몸과 마음 모두 건강한 나의 삶을 생각하면 하늘을 날아갈 듯 기분이 좋아진다. 처음부터 잘했던 것은 아니다. 뭔가 하지 않으면 안 된다는 생각이 나의 가슴과 뇌를 사정없이 두드리기에 나의 강점을 찾기 위해 매일 책을 읽고 지속적으로 달리기를 했다. 그 결과 작가가 되고 울트라마라토너가 된 것이다. '나작지'의 힘은 매우 크고 놀랍다. 삶의 정석! 자기계발의 기본! '나부터·작은 것부터·지금부터' 매일 실천하다 보니 현재에 이른 것이다.

다음 질문에 여러분의 솔직한 대답은 무엇인가?
"10억 원을 갖고 싶은 사람?"
"Yes. No."
"최고의 친구를 만나고 싶은 사람?"
"Yes. No."
"원하는 자격증을 따고 싶은 사람?"
"Yes. No."

"건강한 몸을 갖고 싶은 사람"
"Yes. No."

그럼 이런 질문은 어떨까?
"새벽 4시에 일어나 책을 읽고 운동할 사람?"
"……."

아무도 없다. 결심은 하지만 실천하는 사람은 적다. 실천은 하지만 지속하는 사람은 드물다. 실패하는 사람이 더 많고 성공하는 사람이 적은 이유도 위와 같기 때문이다. 원인을 만드는 것은 어렵다. 원인이 있어야 결과가 있다. 노력이 요구된다. 지속력이 필요하다. 하기 싫은 마음을 뛰어넘을 결단과 인내가 필요하다. 씨를 뿌려야 수확할 수 있다. 원인과 결과의 관계가 정해져 있다면 우리의 운명도 이미 결정되어 있는 것이 아닐까? 원인과 결과의 관계는 변함없지만 유일하게 바꿀 수 있는 것은 자신의 선택이다. 인생에서 원하는 것을 얻기 위해 자신이 무엇을 원하고 있는지 정확히 아는 것부터가 좋은 선택의 기본이다.

프랑스의 철학자 사르트르는 '인생은 B^{Birth}로 시작해서 D^{Death}로 끝난다.'는 유명한 말을 남겼다. 그러나 우리에게 다행스러운 사실은 B와 D 사이에 C^{Choice}가 있다는 사실이다. 자신의 성공, 자신의 실패, 자신의 행복, 자신의 불행 등 모든 것이 자신의 선택에 달려 있다. 물리학자 아인슈타인의 말을 빌리면 '미친 짓이란, 같은 일을 반복하면서 다른 결과를 기대하는 것이다.'라고 한다. 내가 지금 손에 쥐고 있는 것, 내가 지금 누리고 있는 것, 내게 편하고 익숙한 것은 아무것도 놓아버리기 싫은데 내가 꿈꾸는 것은 지금과 다른 것이라면 미친 거라는 얘기다.

앞서간 인물들이 모두 '나작지'의 실천으로 이슈 인물이 되었다. 세상과 다른 사람은 절대 변화시킬 수 없기에 '나작지'란 구호口號를 가지고 나부터 변화를 꾀해 본다. 그 누구도 나의 꿈을 대신 이루어줄 수 없다. 자신의 꿈은 스스로 이루어야 한다는 사실을 모르는 사람은 없을 것이다. 남의 삶만 보다가 듣다가 아까운 시간을 낭비할 수 없다는 것이 나의 생각이다. 나부터 작은 것부터 지금부터 행함이 최선인 것을 늦게야 깨달았다. 누구나 꿈을 꿀 수 있지만 꿈을 이루는 것은 꿈을 정교하게 설계하는 힘과 실행력을 가진 사람만이 할 수 있다.

정보도 새로운 아이템도 넘쳐나는 시대, 옛말에 '구슬이 서 말이라도 꿰어야 보배다.'라고 했는데……. '해 봤어!'라고 외치던 현대그룹의 창업자 정주영 회장의 말이 귀에 생생하다. 말들은 잘하지만, 실천하지 못하는 사람들이 거의 대부분이다. 링크트인 창업자 리드 호프먼의 사업철학은 '생각은 크게, 행동은 빠르게Think Big, Act Fast'이다. 당장 먹힐 것 같은 아이템에 집중하는 것이 아니라, 지금은 작은 시장이지만 갈수록 가치가 커질 영역을 겨냥해 존재감을 갖춰나가라는 것이다. 미래를 준비하고, 오늘 열심히 뛰는 것이다.

가난하다고 꿈조차 가난할 수는 없다. 가난하게 태어난 것은 내 잘못이 아니지만 가난하게 죽는 것은 내 잘못이다. 세상 탓, 남 탓, 환경 탓만 하기에 시간은 너무 짧고 할 일은 너무 많다. 탓만 한다고 나아지는 것은 아무것도 없다. '나작지'의 힘이 나와 여러분이 바라는 진정한 꿈을 이루도록 도울 것이고, 새롭게 변화된 삶으로 꿈 너머 꿈까지 실현하는 행복한 삶을 경험하게 될 것이다.

모든 변화는 '나부터·작은 것부터·지금부터' 먼저 행함으로 시작되었다. 너무 작아 효과가 없는 목표는 없다. 작은 성공도 성공이다. 자신을 새롭게 발견하며 단 한 번뿐인 삶 알차게 멋지게 살아가길 소망한다.

'나작지'가 무엇이라고요?
삶의 정석! 자기계발의 기본!
'나부터·작은 것부터·지금부터'이다.
'너 아닌 나부터·큰 것 아닌 작은 것부터·나중 아닌 지금부터'이다.
먼저 행하라, 실천이 답이다.

청마 임상국 Dream

| 목 차 |

제2장 나부터

제3장 작은 것부터

제4장 지금부터

제1장

나의 꿈
나의 인생

★

날지 못한다면 뛰어라.
뛰지 못한다면 걸어라.
걷지 못한다면 기어라.
무엇을 하든 가장 중요한 것은
앞으로 나아가는 것이다.

-마틴루터 킹-

내 인생은 나의 것

네 운명은 네 손안에 있다

아직도 무엇을 먹을까, 무엇을 마실까? 걱정하고 있는가? 아직
도 어떤 일 하면서 어떻게 살아야 할지 결정 못하고 있는가? 좋아
하는 일 하면 된다고 하지만 평생 다 바쳐 할 일 찾기란 그리 녹록
지 않다. 그럴 때는 마음에 끌리는 일들을 찾아 시도해 보는 것이
가장 지혜로운 방법이다. 실천하다 보면 문제점이 드러난다. 자
신과 맞지 않은 일인지 아니면 자신의 의지가 부족함인지 말이다.
100퍼센트 맞는 일을 찾기란 쉽지 않다. 장점이 있으면 단점이 있
기 마련이다. 한 달 아니 일 년 걸려서라도 '나부터 작은 것부터
지금부터' 먼저 행함이 답이다. 왜냐하면 자신의 운명은 자신의 마
음과 행동에 달려 있기 때문이다.

작은 산에 스님이 살았다. 그런데 아직까지 한 사람도 그 스님의 말문을 막히게 한 사람이 없다고 했다. 어느 날 똑똑한 아이가 손에 작은 새 한 마리를 쥐고 스님에게 물었다.

"이 새가 죽은 건가요? 아니면 살아있는 건가요?" 그리고 생각했다. '스님이 살았다고 하면 새의 목을 졸라서 죽여버리고, 죽었다고 하면 날려 보내야지. 내가 드디어 이 스님을 이기는구나.'

스님이 웃으면서 말했다.

"얘야, 그건 네 손에 달렸지, 내 입에 달린 것이 아니란다."

꼬마는 새를 날려 보내며 말했다.

"스님은 어떻게 이토록 지혜로우신가요?" 스님이 대답했다.

"전에는 정말 멍청한 아이였다. 매일 열심히 공부하고 생각하다 보니 지혜가 생기기 시작하더구나. 너는 나보다 더 지혜로운 사람이 될 것 같구나."

그러나 아이는 침울한 얼굴로 말했다.

"어제 어머니께서 점을 보셨는데 제 운명이 아주 엉망이래요."

스님은 잠깐 동안 침묵하더니 아이의 손을 당겨 잡았다.

"얘야, 네 손금을 보여주렴. 이것은 감정선, 이것은 사업선, 이것은 생명선이다. 자, 이제는 주먹을 꼭 쥐어보렴."

아이는 주먹을 꼭 쥐고 스님을 바라보았다.

"얘야, 네 감정선, 사업선, 생명선이 어디 있느냐?"

"바로 제 손안에 있지요."

"그렇지, 바로 네 운명은 네 손안에 있는 것이지, 다른 사람의 입

에 달린 것이 아니란다."[1]

그렇다. 내 운명은 내 손에 달려 있다. 나 역시 이제껏 살면서 좋은 글을 읽으면서도 글자 이상의 것으로 생각하지 못하였고, 좋은 말은 소리 이상의 것으로 받아들이지 못했기에 그 어떤 창의성과 발전도 기대할 수 없었다. 하지만 이제는 보인다. 그리고 들린다.

현재 주어진 힘든 일과 까칠한 만남 그리고 어려운 환경은 자신의 마음과 행동에 의해 언제든 바뀔 수 있다는 것을, 자신의 운명은 자신이 만든다는 것을, 운명이라는 말은 인간의 힘으로는 도저히 어쩔 도리가 없는 것처럼 들린다. 그러나 절대 바꿀 수 없는 것은 숙명이지 운명이 아니다. 운명運命의 '운運'이라는 글자에는 '옮기다, 움직이다'와 같은 뜻이 담겨 있다. 다시 말해 운명은 우리 힘으로 움직일 수 있다. 가난한 집에 태어난 것은 바꿀 수 없는 숙명, 그렇다고 가난하게 살아야 한다면 그것은 운명이 아니라 자신의 선택일 뿐이다. 고로 운명이란 자신의 마음과 손안에 달린 것이다.

당신은 진정 주어진 삶을 잘 살기 위해 어떤 일을 하고 있는가?

잊지 마라, 알은 스스로 깨면 생명이 되지만, 남이 깨면 요리감이 된다고 한다. '내 일'을 하라 그리고 '내일'을 이끄는 삶을 살라.[2] 나

---

1) 김성회, 『리더를 위한 한자 인문학』, 도서출판 북스톤
2) 김난도, 『아프니까 청춘이다』, 쌤앤파커스

답게 살아가는 인생을 더 이상 미룰 수 없다. 지금과는 다른 방식으로 고민하고 경험하는 성찰이 필요하다. 맛있는 것도 먹어보아야 알 수 있듯이 어떠한 일도 해보지 않고서는 느낄 수 없다. 나다움을 찾는 일, 이제는 행동이다. 사회가 정해 놓은 삶, 부모형제가 원하는 삶이 아니라 자신이 직접 만든 커리큘럼으로 살아가는 것이 중요하다.

나다운 삶을 위해 내가 가장 먼저 한 일은 '단순하게 살자'이다. 배우고 싶은 것, 갖고 싶은 것, 가고 싶은 곳이 많기도 하다. 이것을 다 하자니 놀부 심보다. '누울 자리 보고 발을 뻗으라' 했으니 내가 가장 잘할 수 있는 것, 평생 즐겨 할 수 있는 것 외에는 내려놓는 것이다. 이 작은 두 손으로 세네 가지를 잡을 수도 없고 잡았다 하더라도 버거운 게 사실이다. 그래서 나는 삶의 목표를 신앙과 책과 운동으로 단순화했다. 나를 바로 알고 단순하게 살자고 생각하니 마음이 편하다. 진정으로 일에 몰두하고 있는 사람은 모두 삶의 모습이 단순하다. 왜냐하면 그들은 쓸데없는 일에 마음을 쓸 겨를이 없기 때문이다.

어느 마을에 두 형제가 살고 있었다. 형은 벽에 적힌 'Dream is no where.'이라는 문구를 읽고 '꿈은 아무 곳에도 없다.'고 절망하고 한탄하는 삶을 살았다고 한다. 하지만 동생은 그 문구를 보고 'Dream is now here.'로 고치고 '꿈은 여기 있다.'며 열심히 살아서 남들이 존경하는 사람이 되었다고 한다. 한 단어 차이로 인생이 바뀐 것이다. 분명 내 운명은 부모나 친구의 마음이나 입에 달린 것이 아니라 나의 마음과 손에 달려 있다.

나의 가치는?

나란, 천지天地와도 안 바꾸고 황금黃金으로도 살 수 없는 귀중한 몸이다. 세상에 하나뿐인 자아自我이다. 단 한 번밖에 주어지지 않는 삶이다. 그러기에 열심히 살아야 한다. 가치 있게 행동해야 한다. '로봇과의 바둑 대결에서 사람이 로봇에게 졌다고 사람이 가치없는 건 아니잖아요.'란 제목의 신문 기사를 보았다. 나도 마찬가지이다. 나의 가치가 외모와 재능, 소유와 출신에 따라 값이 정해져서도 차별받아서도 안 된다. 목적도 보람도 없는 공허한 삶, 허송세월이었던 삶이라 자책하지도 말자. 세상이 날 알아주지 않는다면 내가 나를 알아주면 된다.

많은 사람이 모인 강연회에서 열변을 토하던 강사가 갑자기 호주머니에서 100달러짜리 지폐 한 장을 꺼내 높이 들고 말했다.

"이 돈을 갖고 싶으신 분, 손들어 보십시오."

그러자 강연회에 참석한 사람들이 거의 다 손을 들었다. 강사는 청중들을 쭉 훑어본 뒤, 갑자기 그 지폐를 바닥에 던지고는 구둣발로 마구 짓밟았다. 그러고는 그 돈을 다시 높이 들고 사람들에게 물었다.

"제가 이 돈을 이렇게 마구 구기고 짓밟았습니다. 그래도 이 돈을 갖고 싶으신 분이 있으면 손을 다시 들어주세요."

또다시 대부분의 사람들이 손을 들었다. 그러자 강사가 다시 말을 이었다.

"그렇습니다. 여러분의 선택이 옳습니다. 제가 아무리 이 돈을 발로 짓밟고 구기고 해도 그 가치는 전혀 줄어들지 않습니다."

그렇다. 나이 좀 먹었다고, 몇 번 실패하여 넘어졌다고, 난 가진 것이 없다고 자신을 평가절하해선 안 된다. 아직도 나를 위해 기도하고 응원해주는 사람들을 생각하자.

『인생미답』의 저자 김미경은 "세상에서 가장 아름다운 답은 '나를 가장 사랑하는 답'이에요."라고 했다. 나 스스로를 지독히도 끝까지 사랑하는 답, 그것이 바로 '인생미답'이라고 말한다. 내가 내 자신을 사랑하지 않는데 어떻게 다른 사람들이 나를 사랑하기를 바라겠는가. 스스로를 사랑하는 게 자연스러운 것이다. '네 이웃을 네 자신과 같이 사랑하라'는 명령과 일치하는 것이다. 무엇보다 자신을 사랑하자. 자신과 연애하듯 살자. 자부심自負心이란 다른 누구도 아닌 오직 당신만이 당신 자신에게 줄 수 있는 것이다. 나를 사랑하기에 여기서 머뭇거리거나 주저앉아 있을 수 없다.

나는 책을 읽으면서 훌륭한 멘토들의 힘 있는 외침을 들었다. 그들은 풀죽은 나의 가슴을 뛰게 했다. 그들은 별 희망이 없어 보이는 나의 장점들을 찾아주었다. '나부터·작은 것부터·지금부터' 먼저 행하면 된다는 쉬운 공식을 알려 주었다.

아이가 걸을 수 있는 것은 넘어지는 기술을 익혔기 때문이다. 넘어지는 기술이 일어나는 기술이기 때문이다. 이것은 남들이 대신해 줄 수 없는 것이다. 실패는 성공을 위해 갖추어야 할 필수 조건이다. 비가 오나 눈이 오나 바람이 부나 어려운 환경을 딛고 목표를 위해 땀을 흘리는 사람이 아름답다. 많은 경험이 있는 것은 인생을 풍요롭게 사는 것이다. 성공도 실패도 자신의 성장으로 이어질 귀중한 경험이다. 즐겁고 행복했던 경험도 좋지만 슬프고 아프고 절망했던 고통의 경험도 필요하다. 얼마나 오래 살았느냐보다 어떻게 살았느냐가 중요하다.

만화가 강풀은 대한민국 네티즌이 탄생시킨 인터넷 스타다. 개인홈페이지에 올린 엽기적 일상이 네티즌 사이에 화제가 되면서 이름을 알렸고, 포털사이트라는 연재 매체를 얻게 됐다. 이후 〈순정만화〉, 〈아파트〉, 〈26년〉 등 감성적 소재와 탄탄한 구성력이 돋보이는 장편 서사 웹툰을 연이어 히트시키면서 인터넷 미디어 시대의 대표 이야기꾼이 됐다.

그는 대학을 졸업하고 만화가가 되고자 400여 곳의 출판, 잡지사에 작품을 보냈다가 대부분 거절당했다. 머리카락이 삐죽삐죽 고슴도치처럼 뻗어나간 스타일의 일본식 '망가' 그림이 아니고서는 작가 데뷔 자체가 어렵던 시절이었다. 그 뒤 독자들이 그림보다 이야기에 더 후한 점수를 주기 시작하면서 웹 만화는 그 모든 양식을 일거에 소멸시키며 새로운 만화시대를 열어갔다.

'받아주는 곳이 없다면 내가 받아주자, 나를 못 알아본다면 내가 알게 해주겠다.'는 역발상으로 2002년 6월, 아예 온라인에 자기 만화방을 차린 강풀. 좋아하는 일을 하면서 행복한 남자, 기발한 아이디어, 영화 같은 구성, 여러 시점으로 반복되는 한 장면, 다양한 인물들의 사고가 흘러가며 만들어지는 강풀의 만화는 그래서 흥미롭다.

사람의 가치는 무엇으로 판단할 수 있을까?

사람은 돈으로 환산할 수 없을 만큼 가치가 있다. '사람 나고 돈 났지 돈 나고 사람 났나.'라는 말도 있지 않는가. 돈, 명예, 권력 등으로 매만져 꾸며 놓은 사람이 되기보다 삶의 지혜와 경험으로 자신의 가치를 올리는 사람이 되었으면 한다.

의미 있고 가치 있는 삶이란 결코 돈이 많아야 이룰 수 있는 것이 아니다. 저마다 다양한 방면에서 각자의 소질을 마음껏 발휘하고 나누면서 소박하게 살아가는 사람들, 그런 사람들이 우리 주변에 많아졌으면 좋겠다. 오래 산다고 해서 그것이 축복이 아니며, 하루라도 헛되지 않게 최대한 열심히 사는 것이야말로 후회 없이 가치 있게 잘 사는 일이다.

당신은 어떤 가치를 발견했는가?

사람이면 다 사람인가?

인인인인인∧∧∧∧∧이 무엇이냐?'는 한자 수수께끼가 있다. 그 답은 '사람이면 다 사람인가, 사람이 사람다워야 사람이다.'라는 것이다. 사람이라고 다 사람이 아니다. 사람값을 하는, 사람다운 사람만이 사람이다. 사람이 행세하는 관계에서 사람답게 살아야 한다. 레오나르도 다 빈치는 말한다. '사람이 사람답게 살 수 있는 힘은 오직 의지력에서 나온다. 물그릇이 있어야 물을 뜰 수 있다. 의지력이란 바로 그런 물그릇이다.'

　어느 한 학교에서, 담임선생님이 반 아이들에게 이렇게 물었다.
　"너희는 장차 어떤 사람이 되고 싶으냐?" 이 물음에 아이들은 대답했다.
　"위대한 학자가 되겠습니다."
　"세계적인 갑부가 되겠습니다."
　"훌륭한 정치가가 되겠습니다." 등 각자의 생각을 대답했다.
　이때 한 명의 아이가 이렇게 대답했다.
　"저는 사람다운 사람이 되고 싶습니다." 놀란 선생님이 그 이유를 묻자 아이는 "아무리 높은 자리에서 큰일을 하고 명성을 떨친다 해도 사람다운 사람이 아니라면 동물과 다를 바 없으므로, 저는 사람다운 사람이 되고 싶습니다."라고 말했다.
　이 아이는 훗날 미국을 통치하는 20대 대통령이 되었다. 그의 이름은 '제임스 A. 가필드'이다.

　그렇다. 사람다운 사람! 인성이 실력이다. 우리나라는 학교에서 인성교육을 실시하고자 세계 최초로 인성교육진흥법을 만들었다. 이 법은 건전하고 올바른 인성을 갖춘 국민을 육성하여 국가 사회의 발전에 이바지함을 목적으로 하는 법이다. 인성교육의 핵심 덕목은 공감, 소통, 긍정, 자율, 정직, 책임이다. 이 법에 따르면 인성교육이란 자신의 내면을 바르고 건전하게 가꾸고 타인, 공동체, 자연과 더불어 살아가는 데 필요한 인간다운 성품과 역량을 기르는 것을 목적으로 하는 교육이다.

인간관계가 좋으려면 보잘 것 없이 작은 것이라도 긍정성을 나누어야 한다. 호감, 존중, 감사, 배려는 자주 해야지 한꺼번에 몰아서 하는 것은 효과가 없을뿐더러 시간 낭비, 에너지 낭비이다. 이 이치를 잘 보여주는 사람이 관계의 달인, 오바마 대통령이다. 얼마 전 뉴스에 방영된 유명한 일화가 있다.

오바마가 헬리콥터를 타기 위해 걸어가고 있다. 헬리콥터 옆에서 보초를 서고 있는 병사가 경례를 한다. 오바마는 깊은 생각에 빠졌는지 병사에게 시선 한 번 주지 않고 그냥 헬리콥터 안으로 들어간다. 그러나 오바마는 곧바로 다시 내려온다. 그리고 병사와 악수를 나누면서 한마디 건넨다. 병사의 얼굴에는 기쁨의 표정이 역력하다. 한 사람은 졸병, 다른 한 사람은 대통령. 졸병의 경례를 한 번 받지 않은 것은 누구도 문제를 제기하지 않을 매우 사소한 일이다. 하지만 오바마는 그 사소한 일을 그냥 지나치지 않았다. 병사와 악수를 하면서는 아마 고맙다고 말했을 테고 그 사소한 행위에 병사의 얼굴은 활짝 피었다.

인간관계란 이런 것이다. 최고의 인격, 인품, 인성을 갖춘 사람들이 평상시에 살아가는 모습이다. 오바마는 병사가 대단하기 때문에 악수를 나눈 게 아니다. 그저 인간으로서 인간에게 존중을 보여준 것이다. 평소 모든 인간은 똑같이 소중한 존재라는 생각을 지녔기에 가능했던 일이다. 그 병사의 경례가 즉시 감사함을 표시해야 할 정도의 가치가 있다고 평가하고 판단했기 때문이 아니다. 평소 오바마의 마음속이 군인에 대한 고마움으로 가득 차 있었기 때문일 것이다.[3] 짐승처럼 사는 게 아닌 사람답게 사는 사람이 존경받는 사회가 되었으면 한다.

로버트 폴검이 쓴 『내가 정말 알아야 할 모든 것은 유치원에서 배웠다』의 핵심 내용은 다음과 같다.

'무엇이든 나누어 가지라, 공정하게 행동하라, 남을 때리지 말라, 사용한 물건은 제자리에 놓으라, 자신이 어지럽힌 것은 자신이 치우라, 내 것이 아니면 가져가지 말라, 다른 사람을 아프게 했으면 미안하다고 말하라, 음식을 먹기 전에는 손을 씻으라, 균형 잡힌 생활을 하라, 밖에 나가서는 차를 조심하고 옆 사람과 손을 잡고 같이 움직이라'[4] 등이다. 자신의 일상 경험과 이웃들의 소박한 삶에서 캐낸 인생의 비범한 진리를 자상하고도 재치 넘치는 어조로 설파한 밀리언셀러 잠언록, '기본, 초심, 실천'을 잃어가는 우리들을 다잡아줄 샘물 같은 지혜가 담긴 책이다. 이와 같이 살아간다면 사람답게 사는 사람, 존경받는 사람이 될 수 있겠지만 그렇지

3) 조벽, 『인성이 실력이다』, 해냄출판사
4) 로버트 폴검, 『내가 정말 알아야 할 모든 것은 유치원에서 배웠다』, 김영사

못하는 게 현실이다. 어릴 적에는 쉬워보였던 내용들인데 어른이 되어가면서 점점 지키기 힘든 일이 되어가고 있음을 부인할 수 없다. 이유는 남을 먼저 배려하고 협동하는 일보다 자신의 욕심이 앞서기 때문이 아닐까?

당신이 알고 지내는 인간관계의 달인은 누구인가?

일류 인생은 누구나 할 수 있다

일등 하고도 삼류 인생을 살 수 있고, 꼴찌 하고도 일류 인생을 살 수 있다. 등수는 남에게 달렸고, 수준은 나한테 달렸기 때문이다. 어려움이 닥치면 삼류 인생은 하늘을 원망하고 운명을 탓한다. 이류 인생은 누군가와 무엇인가에 핑계를 둘러댄다. 일류 인생은 오히려 그 일에 대해 감사한다. 어떻게 하면 일류가 될 수 있는가? 많은 리더들은 말하고 있다. 일류 대학보다 일류 인생을 꿈꾸며 살라고…. 일류 인생을 살기 위해서는 자신의 적성에 맞는 직업을 찾는 것이 중요하고, 적성에도 충분한 시간 투자가 필요하다. 어려운 환경에서 태어나 배우지 못하고도 일류 인생길에 지친 사람들의 길잡이가 되어준 사람들은 수없이 많다. 일등을 지향하는 삶이 아니라 자기와의 싸움을 통해 일류 인생을 지향하는 삶, 선택은 각자의 몫이다.

더 이상 일류 대학이나 일류 직장을 목표로 살아서는 안 된다. 우리가 진정 추구할 것은 일류 인생이다. 그것은 꿈의 발견, 실력증진, 사회 헌신의 3요소로 구성된다. 일류 대학이나 일류 직장은 소수만 성공하지만 일류 인생은 누구나 할 수 있다.[5]

　'실패했을 때 삼류 인생은 울어버린다. 이류 인생은 입술을 깨문다. 그러나 일류 인생은 웃는다.' 실패는 성공으로 가는 사닥다리니까. 미래는 실패에 대한 깨달음으로 얼마든지 달라질 수 있으니까.

　'삼등'이란 세 번째 등급이지만, '삼류'란 어떤 방면에서 가장 낮은 지위나 분류라는 뜻으로 사전에 나와 있다. 삼등은 괜찮지만 삼류는 안 된다. '등等'은 순위나 등급 또는 경쟁을 나타내고, '류流'는 위치나 부류의 질적 가치를 나타낸다. 결국 삼류란 질의 문제로 '질이 형편없다, 그럴 가치가 없다.'는 말로 표현할 수 있다. 삼등은 부끄러운 것이 아니지만 삼류는 부끄러운 일이다.

　그렇다. 난 오래 전 밤늦도록 텔레비전 보느라 12시 넘어서야 잠자리에 들었고 일찍 일어나는 것은 꿈도 꾸지 못했다. 책을 읽기 전에는 케케묵은 지식과 생각에 사로잡혀 자신을 합리화하며 살기에 급급하였다. 달리기를 하기 전에는 살이 쪄서 둔해진 몸을 잘 먹고 잘사는 유형의 몸으로 착각하며 살았다. 운이 따르면 나도 돈을 한번 움켜 쥘 수 있다는 전혀 근거 없는 아니 어리석은 생각을 종종 하곤 했었다. 확고한 꿈과 목표도 없고, 그에 따른 노력과 땀

5) 강수돌, 『팔꿈치 사회』 갈라파고스

도 없었다. 이게 삼류다. 그동안 삼류 인생을 살았던 것이다.

'삼류 인생은 자기의 능력을 사용하고, 이류 인생은 타인의 힘을 사용하고, 일류 인생은 남의 지혜를 활용한다.'고 중국 고대의 사상가 한비자는 말했다. 또 일류와 이류는 전체를 위해 자신을 얼마나 바칠 수 있는가 하는 도량의 크기에서 차이가 난다.

삼류는 자기주장이 강하고 이기적이며 천박하다. 남을 이해할 줄 모르고 양보와 배려의 정신이 부족하다. 인간적으로 품위를 지키지 못하고 본능적 동물성이 더 드러나기 십상이다. 따라서 삼류로 지칭되는 삶은 무가치하고 무의미한 삶이 될 가능성이 크다. 성공한 삶을 살기보다 가치 있는 삶을 살아라.[6] 삼류 인생은 자기 연기에만 신경 쓰지만, 일류 배우는 상대방과의 호흡을 더 중요시한다.

'일류 인물은 전체를 위해 기꺼이 자신을 희생한다. 늘 전체의 이익을 생각해서 판단한다. 사소한 욕심을 부려 이득을 챙기지 않는다.'[7]

당신은 일류 인생을 위해 무엇을 준비하고 있는가?

----

6) 정호승, 『내 인생에 용기가 되어준 한마디』, 비채
7) 나카지마 다카시, 『리더의 그릇』, 다산3.0

내 꿈을 펼쳐라

꿈이 있으면 미치지 않는다

당신은 단 한 번이라도 무엇엔가 미쳐본 적이 있는가? 단 한 번이라도 누군가에게 미쳤다는 소릴 들어본 적이 있는가? 몇 년 전 텔레비전에서 '다큐 3일'이라는 프로그램에 신림동 고시원에서 고시 공부를 하는 학생들이 나온 적이 있다. 그 방송을 중학생인 둘째 아이와 같이 보게 되었다.

"아빠, 저 사람들은 하루 이틀도 아니고 몇 년씩 어떻게 저렇게 살지요? 저렇게 살면 미쳐 버릴 것 같은데 왜 저 사람들이 안 미칠까요?"

그때 내가 아이를 보고 말했다.

"꿈이 있으면 미치지 않는단다."[8]

그렇다. '미치면 미친다.'
'불광불급不狂不及! 미치지 않으면 미치지 못한다.'
'미쳤다는 건 칭찬이다.'
'미쳤다는 말을 들어야 후회 없는 인생이다.'
들을수록 매력적인 말이다.

내가 매일 달리기를 하니까 들리는 말이 '마라톤은 중독이라 하던데?'이다. 그러면 나는 말한다. '중독, 그렇게 생각할 수 있습니다.' 미치면 미친다는 말이 있듯, 좋아하는 일이고 몸이 건강해지는 일인데 규칙적으로 못할 게 없다. 15년 동안 달리기를 통하여 얻어진 건강한 몸과 자신감은 돈으로는 환산할 수 없다. '미치면 미친다.'는 말은 들을수록 가슴을 뛰게 한다.

목표를 정하고 열정을 가지고 지속적으로 매진한다면 꿈은 이루어진다. 꿈이 어려움 극복의 시작이다. 자신이 하는 일에 대해 끊임없이 부딪히고, 넘어져도 다시 일어나서 도전하는 끈기와 노력을 쏟아부을 때 비로소 미쳤다는 소리를 들을 것이며 최고의 경지에 도달할 수 있을 것이다. 미치면 그 힘이 전 세계에 미친다. 미치지 않고서는 그 힘을 크게 발휘할 수 없다. 비전은 사람을 미치게 만든다. 미치게 만들지 않는 것은 비전이 아니다. 일생에 단 한 번

---

8) 최윤규, 「그러니까 상상하라」, 고즈윈

도 미쳤다는 소리를 듣지 않는 자는 도전하지 않는 자이다.

하늘을 날고 싶다는 라이트 형제의 진지한 꿈은 오늘날 전 세계를 하나의 마을, 지구촌으로 만들어 놓았다. 뿐만 아니라 정신병자 취급을 받으면서도 눈에 보이지 않는 전파의 힘을 이용해 보겠다는 꿈에 인생을 건 마르코니가 있었기에 오늘날 라디오와 텔레비전이 탄생한 것이다. 학문도 사랑도 예술도 나를 온전히 잊는 몰두 속에서만 빛나는 성취를 이룰 수 있다. 마라톤을 할 때 1등보다 더 많은 박수를 받는 사람은 부상에도 불구하고 포기하지 않고 끝까지 경기를 마치는 사람이다.

인생은 종종 마라톤에 비유된다. 특히 인내와 끈기를 가지고 결승점까지 달려야 한다는 점에서 비슷하다. 내가 쉬는 동안에도 경쟁자들은 계속 달린다. 내가 넘어지면 다른 사람들과의 격차는 더욱 벌어진다. 그러나 인생은 마라톤과 분명히 다른 점이 있다. 인생에서는 1등이 딱 한 사람은 아니라는 점이다. 마라톤에서는 기록이 가장 빠른 사람만 1등이 될 수 있다. 그러나 인생에서는 누구나 1등이 될 수 있다.[9]

우리 모두 미치자! 자신이 좋아하고 잘할 수 있는 일에!

꿈은 '명사'가 아니라 '동사'다

꿈을 꾼다는 것은 생각하는 것이 아니라 움직이는 것이다. 그러

---

9) 김영식, 『10미터만 더 뛰어 봐』, 21세기북스

므로 꿈은 '명사'가 아니라 '동사'다. 나를 움직이면 그만큼 꿈에 점점 다가가게 되는 것이다. 그러니 움직이자. 빛나는 나와 만나는 날이 언젠가 반드시 올 것이다.[10]

꿈을 명사가 아닌 동사로 표현하기에 가장 적합한 이론과 실제를 이 책에 담았다. 아니 이 책은 이론보다 실천을 강조한 각 분야 이슈 인물의 실생활을 소개하고 있다. 나부터 작은 것부터 지금부터 먼저 행하여 꿈을 이룬 사람들의 발자취를 배우고 응용하여 자신의 것으로 만들면 된다. 꿈을 이루는 일은 어렵지 않다. 여러분의 의지만 있으면 된다.

한 아파트에 '천 원 세차'라는 광고가 붙었다.

광고를 붙인 건 15살 중학생.

첫 손님으로 온 한 아주머니의 차를 최선을 다해 닦았다.

무척 만족한 아주머니는 아이에게 팁까지 주었다.

첫 번째 작업을 마무리한 아이는 번개같이 광고판을 바꾸었다.

"세차 1,500원. 경험 있음."[11]

최규상, 황희진 부부가 쓴 『긍정力 사전』에 나온 이야기이다.

'여러분의 꿈을 동사動詞로 표현하십시오. 그리고 그 꿈을 주변 사람에게 나누며 기꺼이 자신을 희생하십시오. 참된 희생이 성공

----
10) 이동진, 『당신은 도전자입니까』, 다산3.0
11) 최규상, 황희진, 『긍정力 사전』, 작은씨앗

의 지름길입니다.' 건축설계회사 팀하스의 하형록 회장이 서울대 졸업식 축사에서 한 말이다.

그는 졸업생에게 의사가 되겠다고 하지 말고 '아픈 이를 치료해 주는 사람'이 되겠다고 말하고, 음악가가 되겠다고 하지 말고 '음악으로 감동을 주는 사람'이 되겠다고 말하라고 했다. 이어 동사의 삶은 목적 지향적인 삶이 아니라 행동으로 실천하고 남을 위해 희생하는 것이라며, 힘든 길이고 먼 길을 돌아가는 것일 수 있지만 돌이켜보면 그 같은 희생이야말로 승리의 지름길이라고 강조했다.

그렇다. 명사는 정지형이지만 동사는 진행형이다. 명사는 자신의 자부심을 키우지만 동사는 우리로 하여금 그때 우리의 꿈을 향해 실천하게 한다. 어릴 때부터 동사로 꿈꾸는 이는 스스로 자신의 꿈을 실천해가며 마침내 참된 성공을 이룬다. 꿈은 그냥 이루어지지 않고 준비하는 사람만이 이룰 수 있다. 신은 꿈을 준비한 사람에게만 기회를 준다는 말도 있지 않은가. 우리는 기도해야 한다. 말로만 하지 말고 행함으로 준비하고 행함으로 꿈을 이루겠다고. 길이 없으면 길을 찾고, 찾아도 없으면 길을 닦아가면서 가면 된다. 자신을 부지런히 움직여 지식과 경험을 쌓은 사람만이 자신이 바라는 꿈에 다가갈 수 있고 결국에는 꿈을 이룰 수 있다.

꿈이 있는데 어떻게 불평만 하며 세월만 보낼 수 있을까?
꿈이 있는데 어떻게 환경만 탓하며 멈춰 서 있을 수 있을까?

꿈은 열정적으로 움직이는 사람에게 주어지는 선물이다. 다음은 유럽에서 크게 성공한 로스차일드가에서 샌프란시스코 지점장을 선발할 때의 이야기이다.

"미국에 지점을 낼 생각인데 며칠이면 되겠나?"

사장의 질문에 부하는 심각한 표정으로 이렇게 답했다.

"열흘 정도 걸릴 것 같습니다."

사장은 또 다른 부하를 불렀다.

"저는 3일이면 되겠습니다."

그런데 세 번째 부하는 이렇게 대답했다.

"지금 곧 떠나겠습니다."

"좋아. 자네는 이제 샌프란시스코 지점장일세. 내일 가게."

세 번째 부하의 이름은 줄리어스 메이. 메이는 훗날 샌프란시스코 최고의 갑부가 되었다고 한다. 걱정하는 것보다 행동하는 것이 쉽다고 한다. 행동하다 보면 정보와 기회도 모이고 '이건 할 수 있겠다, 더 좋은 방법을 찾았다, 그만두는 편이 좋겠다.'라는 식의 결론도 얻게 된다. 잘못되면 다시 시작하면 되고 넘어지면 다시 일어나 걸어가면 된다. 행동을 통해 터득한 지혜는 살아가는 데 정말 귀한 자산이 된다. 말만 가지고서는 하늘에 별도 딸 수 있지만 현실적으로 이룰 수 있는 것은 하나도 없다. '백문이 불여일견百聞不如一見'이란 '백 번 듣는 것이 한 번 보는 것보다 못하다.'는 뜻으로, 직접 경험해야 확실히 알 수 있다는 말이다. 사람을 판단하는 데도 그 사람의 말보다 행동을 잘 보아야 한다.

'산수유, 남자한테 참 좋은데~ 직접 말하기도 그렇고 어떻게 표현할 방법이 없네~~~' 2010년 대박을 터트렸던 천호식품의 산수유 광고 문구이다. CF 하나로 800억 원의 매출을 올린 김영식 사장의 비법은 무엇인가? 인간 오뚝이, 뚝심대장이라는 별명처럼 그는 아내의 반지를 전당포에 팔아 마련한 130만 원으로 새로운 건강식품 사업을 시작했다. 산전수전 다 겪은 그의 성공 노하우는 생각을 행동으로 옮기는 추진력과 오늘 100미터를 뛰었으면 내일은 110미터를 뛰겠다는 열정이었다. 아직도 그의 명함 뒷면에는 '생각하면 행동으로! 지금! 당장! 즉시!'라는 문구가 새겨져 있다.

많은 사람들이 처음에는 큰 꿈을 가진다. 그러나 즉시 행동에 옮기지 않으므로 꿈은 작아지고 결국 포기한다. 매일 우리가 겪는 가장 큰 어려움은 바로 따뜻한 이불을 걷어차고 나오는 일이다. 삼진아웃이 두려워 방망이를 휘두르지 않으면 안타나 홈런은 결코 나오지 않는다. 마라톤 경기에 나가 뛰지 않으면 완주할 수 없고, 자전거 경주에 나가 페달을 밟지 않으면 쓰러지고 만다. '내일, 다음에, 나중에, 시간이 되면'이라는 말, 이제 그만하면 안 될까요.

왜 말만 하시는 겁니까? 왜 행동하지 않는 겁니까?
'제가 지금 하겠습니다.'가 답이다.
꿈은 '명사'가 아니라 '동사'다.

당신의 꿈을 시각화하라

가장 성공한 여성 중 한 명인 미국의 에스티 로더는 젊은 시절 부자 동네의 어느 미용실에 들렀다가 모욕을 당했다. "어머나, 이 블라우스 좀 봐! 너무 예쁘고 우아해요. 도대체 이걸 어디서 사신 거예요?"라고 물었다가 '자네가 알아서 뭐하게? 어차피 자네 같은 가난뱅이는 평생 손도 대지 못할 텐데!'라는 핀잔을 들은 것이다. 에스티 로더는 대꾸도 못한 채 울면서 미용실을 뛰쳐나왔다. 하지만 자존심은 대단해서 집을 돌아오는 내내 '앞으로는 죽어도 누구도 나에게 가난하다는 말을 못하게 만들 거야! 원하는 것은 무엇이든 가질 수 있는 사람이 될 거야!'라며 맹세에 맹세를 거듭했다고 한다. 그 후 그녀는 4조 원대의 자산에 달하는 세계적인 화장품 회사 에스티로더사의 주인이 되었다.

"당신의 꿈을 시각화하라, 만일 당신이 마음의 눈으로 이미 성공한 회사, 이미 성공한 거래, 이미 달성된 이윤 등을 볼 수 있다면 실제로 그런 일이 일어날 가능성이 높아진다. 이미 성공한 모습을 마음속으로 생생하게 그리는 습관은 목표를 달성하는 가장 강력한 수단이다. 나는 백화점에 입점하기 전부터 에스티로더사의 제품이 대형백화점에서 어마어마한 판매고를 달성하는 모습을 생생하게 꿈꾸곤 했다. 한두 번이 아니었다. 백화점에 입점할 때마다 수천 번씩 그렇게 했다. 그러면 내 마음속의 그림은 진짜로 현실이 되곤 했다. 꿈을 시각화 하면 그 이미지는 반드시 현실이 된다. 이 놀라운 원리는 위대한 성공을 거둔 사람이라면 모두 알고 있고 실천하고 있는 것이다. 사업, 운동을 비롯한 각 분야에서 정상에 올라 있는 사람들은 대부분 이 방법을 실천하고 있다." 에스티 로더의 말이다.

나는 6년 전 책을 읽기 시작하면서 이루고자 하는 꿈의 목록 50여 가지를 정하고, '생생하게 꿈꾸면 반드시 이루어진다, 반드시 밀물 때가 온다, 목표→실천→지속'이란 슬로건을 책상 앞 벽면과 거실과 냉장고 문에까지 붙여놓았으며 만나는 사람들에게도 알렸다. '내가 가장 잘할 수 있는 출판 일을 평생 하겠다. 내가 가장 좋아하는 운동을 평생 하겠다.'가 목표의 핵심이다. 좀 더 구체적으로 나열하면 이러하다. 5년 동안 1,800권의 책을 읽겠다. 한국문단에 데뷔, 아동문학 작가가 되겠다. 이슈인물연구소를 설립하여 이슈인물시리즈를 발행하겠다. 환갑기념으로 경기도 서단 강화에서 강원도 동단 강릉까지 한반도 횡단 308km를 달려서 완주하겠다. 그런데 6년이 지난 지금까지 2,000권의 책을 독서하였고, 서울문학에서 아동문학부문 신인상을 받았으며, 한반도 횡단 308km 도전도 환갑에는 220km 지점에서 포기했지만 그 다음 해인 진갑에 완주하였다. 그리고 현재 단행본 출판사 본부장으로 일하고 있으며, 이슈인물시리즈 발행을 위한 뜻있는 만남과 자료 업그레이드는 계속되고 있다.

그렇다. 꿈을 적어라. 그리고 선언하라. 위대한 삶이 펼쳐진다. 고대 이집트인들은 '기록하는 것은 반드시 현실로 이루어진다.'라는 오래된 믿음을 지녔다. 잠재의식은 우리의 삶을 결정한다. 믿음을 가진 사람에게 성공은 절대 남의 이야기가 아니다. 물론 기록만 해놓고, 물만 떠놓고, '이루어지게 해주세요!'라고 기도만 해서 이루어지는 일은 없다. 기록을 달성하기 위한 노력을 함께 해야 한다. 불가능해 보이는 원대한 꿈을 꾸고 그 꿈을 현실화해가는 것으로 유명한 소프트뱅크 손정의 회장의 주장이다. '꿈을 수치화해서 기한을 정하는 것, 꿈을 구체적인 목표로 나타낼 수 있다면 절반은 달성한 것이나 다름없다. 목표를 명확하게 입으로 말하는 것이 좋다. 주위에 알리는 것으로 자신을 더욱 몰아갈 수 있기 때문이다.' 목표를 향한 간절함이 묻어 있는 기록이어야 좋다.

목표의 중요성을 알아보기 위해서 하버드 대학에서는 재학 중인 학생을 대상으로 조사했다. 그 결과, 전체에서 단 3%의 학생만이 명확한 목표를 갖고 있었다. 그리고 몇 년 후의 조사에서는 명확한 목표를 기록했던 전체의 3%에 해당하는 학생들의 수입이 나머지 97% 전원의 수입을 합한 것보다 10배 더 많다는 결과가 나타났다. 목표를 종이에 써놓기만 한 사람과 그것을 반복해서 보는 사람 간의 차이는 더욱 더 크다. 이것은 잠재의식 이론만 보더라도 당연한 결과이다.

목표를 달성하고 싶으면 그것을 기록하라. 목표달성에 헌신하겠다는 마음으로 목표를 기록하라. 그러면 그 행동이 다른 곳에서의 움직임을 이끌어낼 것이다. 목표를 이루려면 일단 목표를 기록하라.[12] 헨리엔트 앤 클라우저는 『종이 위의 기적, 쓰면 이루어진다』에서 말하고 있다.

미국 성공철학의 거장 나폴레온 힐은 말한다. '강렬한 염원은 스스로 결과를 만들어낸다. 처음에 그 생각은 그리 명확한 것이 아니었어요. 명확한 계획이라기보다는 차라리 단순한 소망에 가까웠습니다. 그러나 내가 그것을 마음속에 새기고 내 마음을 온통 차지하도록 만들자, 마침내 내가 그 아이디어를 움직이는 대신 그 아이디어가 나를 움직이게 했습니다. 기억하게, 자네의 마음은 자네가 항상 생각하는 것들을 끌어당긴다는 사실을 말일세. 힘, 성공, 부에 대해서 생각하는 자는 이러한 것들을 소유할 수 있도록 끌어당기지. 그러나 절망, 실패, 좌절, 빈곤을 생각하는 사람은 그가 생각한 그대로 달갑지 않은 힘을 끌어당길 뿐이야. 머릿속에서만 그리던 꿈의 시각화! 이것은 불가사의한 마법이며, 기적이다!'[13]

당신의 꿈을 시각화하라. 이미 성공한 모습을 마음속으로 생생하게 그려라. 자신의 마음속에서 이미지화 시키는 것은 꾸준히 노력한다는 것을 의미한다. '할 수 있다! 된다! 좋다!'는 절대 긍정의 에너지가 자기 인생을 긍정으로 이끈다. 우리가 꿈과 끼를 찾는 이유는 다른 사람보다 앞서가거나 특출해지기 위해서가 아니다. 내

----

12) 헨리엔트 앤 클라우저, 『종이 위의 기적, 쓰면 이루어진다』, 한언
13) 나폴레온 힐, 『생각하라 그러면 부자가 되리라』, 국일미디어

안에 숨어 있는 나를 존중해주고 이끌어주는 것, 그럼으로써 삶의 보람을 찾고 스스로 행복해지는 것, 그것이 오늘날 꿈과 끼를 시각화하는 이유이다. 비전^{vision}이라는 것이 무엇인가? 보이지 않지만 바라고 소망하는 것이다. 보지 못하는 것이지만 그대로 이루어질 줄로 믿는 가운데 이 비전을 현실화 시키는 것이다.

비타민-V 결핍증

비타민 결핍증이란, 음식에 일정한 비타민량이 부족할 때 생체에 생기는, 비타민 부족에 의한 특유한 병명을 말한다. 비타민-A 결핍은 어두워지면 물체가 잘 보이지 않는 야맹증, 비타민-B1 결핍은 팔과 다리에 신경염이 생겨 근육이 약해지고 붓는 각기병, 비타민-D 결핍은 아이들에게 잘 발생하는 것으로 머리, 가슴, 팔, 다리뼈의 변형과 성장 장애를 일으키는 구루병, 비타민-C 결핍은 출혈, 전신 권태감, 피로, 식욕부진, 피하 출혈로 괴혈병 등이 나타난다.

어느 날, 퇴직한 후로 머리도 아프고 입맛도 없고, 눈도 침침하고, 허리도 아프고 온몸이 아프지 않은 데가 없는 환자가 병원에 찾아왔다. 의사는 그 환자에게 진단을 내렸다.

"비타민-V가 모자라는 것 같습니다."

환자는 눈이 둥그레져서 되물었다.

"비타민-B나 비타민-C는 많이 들었지만 비타민-V는 처음인데요."

그러자 의사가 대답했다.

"여기서 V는 'Vision'의 약자입니다. 선생님은 다름 아닌 꿈을 잃어버린 것 같습니다."

나는 독서를 통해 확실한 꿈을 갖게 되었다. 내가 좋아하고 잘할
수 있는 일을 찾았고, 그 일을 실천하기에 하루 주어진 24시간이
짧기만 하다. 불경기도 없는 꿈, 꿈을 가진 사람은 바쁘다. 나는 평
소 텔레비전을 시청하지 않는다. 출퇴근하는 지하철에서는 핸드
폰을 가지고 책을 읽거나 유명인사의 강의를 듣는 데 90% 이상 투
자한다. 비타민-V를 보충하기 위해서이다.

비타민-V 결핍으로 나타나는 현상은 나태와 무기력, 무엇을 할
지 모르는 답답함, 사는 게 재미없고 흥이 나지 않음 등이다. 꿈과
비전이 있는 사람은 생동감이 넘친다. 한 가지 한 가지 알아가고
성취하는 자신의 모습에 흥분되어 있기 때문이다. 이룬 것에 감사
가 있고 못다 한 것에 기다림이 있기 때문이다.

그렇다. 비타민은 우리가 살아가는 동안 꾸준히 섭취해야 할 영
양소이다. 건강을 위해 매일 규칙적으로 식사하고 운동을 하여야
하듯 비전도 마찬가지이다. 가난보다 무서운 것은 꿈이 없는 것이
라 한다. 비타민-V를 강화하려면 꿈과 비전을 갖고, 긍정적 생각
과 적극적 행동을 하는 것이 필요하다. 비타민-V를 죽이는 부정적
생각을 버리고 나쁜 습관은 과감히 좋은 습관으로 덧씌워야 한다.

'앞을 못 보는 사람보다 불행한 사람은 꿈이 없는 사람이다.' 미

국의 작가 겸 사회사업가 헬렌 켈러의 말이다. 꿈에는 두 종류가 있다. 하나는 그냥 꿈dream이며 다른 하나는 생생한 꿈vivid dream이다. 그냥 꿈은 마음속에 단순히 살고 있는 것이라면, 생생한 꿈은 자신이 스스로 꿈과 하나가 되어 꿈에 미치는 것이다. 즉 밥 대신 꿈을 먹고, 물 대신 꿈을 마시며, 공기 대신 꿈을 호흡하는 그런 경지이다.

내가 작성한 꿈의 목록 중에는 책을 한 권 쓰겠다는 목표가 있다. 이 책을 통해 남의 이야기처럼 멀게만 느껴지는 꿈과 목표를 갖게 하고 도전하게 하는 프로젝트이다. '나부터 작은 것부터 지금부터 먼저 행하라! 실천이 답이다.'가 이 책 내용의 핵심이다. 새벽잠을 깨워 5년 동안 준비하고 1년 동안 써놓은 원고를 다듬고 또 다듬는 일이 즐겁다.

목숨을 걸 만한 것을 찾지 못한 사람은 온전한 삶을 살지 못한 것이다. 어둠으로는 어둠을 몰아낼 수 없다. 오직 빛만이 어둠을 밝힐 수 있다. 미움으로는 미움을 몰아낼 수 없다. 오직 사랑만이 미움을 씻어낼 수 있다. 날지 못한다면 뛰어라. 뛰지 못한다면 걸어라. 걷지 못한다면 기어라. 무엇을 하든 가장 중요한 것은 앞으로 나아가는 것이다.

당신에게 필요한 비타민은 무엇인가?

위대한 선택

인생은 선택의 연속이다

제주도로 갈 것인가, 아니면 울릉도로 갈 것인가. 선택에 따라 뱃머리가 향하는 곳은 달라질 수밖에 없다. 방향이 결정되어야 목표한 지점에 도달할 수 있다. 미국 대통령 루즈벨트는 '결정을 내릴 때 가장 좋은 선택은 옳은 것을 하는 것이고, 그 다음으로 좋은 선택은 잘못된 일을 하는 것이며, 가장 안 좋은 선택은 아무것도 하지 않는 것이다.'라고 말했다.

그렇다. 인생은 선택의 연속이다. 크고 작은 선택, 어떤 선택이든 좋은 점이 있으면 나쁜 점도 있다. 즉 어떤 것을 선택하면 다른 어떤 것을 포기할 수밖에 없다. 선택은 생각이 아닌 행동이다. 우리는 이 수많은 기로 중에서 선택과 포기를 현명하게 결정해야 한다. 자신이 내린 결정이 최고의 선택이었다면 나무랄 데 없겠지만 비록 최악의 선택이라 할지라도 그 결정의 책임은 자신이 짊어져야 한다. 자신이 스스로 선택한 것에 대한 책임을 지는 마음, 그 마음이 실천으로 이어질 때 비로소 자신의 선택이 빛이 난다. 그리고 어떤 선택을 하느냐에 따라 인생의 진로가 달라지기도 하고 다음 선택도 더 쉬워질 것이다.

중국에서 원숭이를 사냥하는 방법이 있다. 항아리 안에 원숭이가 좋아하는 땅콩을 넣는다. 항아리의 입구는 원숭이의 주먹이 겨우 들어갈 만한 넓이의 항아리이다. 그 항아리를 원숭이들이 다니는 길목에 둔다. 그러면 원숭이는 항아리 속의 땅콩을 먹으려고 손을 넣어 땅콩을 한 움큼 쥔다. 그러나 항아리에서 손을 빼려면 손에 쥔 땅콩 탓에 손이 빠지지 않는다. 그때에 다가가 원숭이를 잡는다. 원숭이는 도망가려 하지만 손에 쥔 땅콩을 놓지 못하여 잡힌다. 그래서 원숭이를 잡으려면 항아리와 땅콩만 있으면 된다. 땅콩과 목숨을 바꾸는 원숭이의 어리석은 선택이 나와 당신의 선택이 되지 않기를 소망한다.

당신의 뱃머리는 어디를 향하고 있는가? 난 젊은 시절 대책 없이 살았다. 하고 있는 일 외에는 새로운 선택도 준비도 계획도 없었다. 좋아하는 일이 무엇이며 왜 좋아하는지, 365일 하고 있는 일에도 더 잘할 수는 없을까 크게 염려하지 않았다. 이렇게 준비하지도 않았는데도 '기회가 되면 잘 해낼 거야.' 하는 마음을 가지고 살아왔다. 생각하는 대로 살지 않으면 사는 대로 생각한다는 말이 있다. 30년 넘게 몸담아온 출판 일은 두 번의 시작과 중단으로 결실을 맺지 못하였다. 사회는 하루가 다르게 변하고 있는데 그동안 난 무엇을 했는가 생각하면, 준비 없이 대책 없이 살아온 자신이 지혜롭지 못하고 어리석었던 삶에 답답한 마음뿐이다. 이 막막하고 한심한 현실을 어쩌란 말이냐. 누구의 탓만 하고 있을 수는 없지 않는가. 변화, 변신, 도약만이 살길임을 달리기와 독서를 통해 확실히 알았다.

목표가 있고 작은 행함이 더해질 때 좋은 결과도 있음을 뒤늦게 깨달았다. 지금이라도 깨달은 것이 나쁘지 않지만 좀 더 일찍 깨달았다면 더 좋았을 것이라는 생각을 떨칠 수 없다. 왜냐하면, 영화를 감상하는 일은 나이 들어서도 할 수 있지만 히말라야 산 도보여행은 젊어서 할 일이기 때문이다.

살면서 갖고 싶었던 것은 무엇인가?
갖고 싶은 것을 위해 버려야겠다고 생각하는 것은 무엇인가?

고통에서 벗어나는 길

히말라야 근처에 위대한 성자가 살고 있었다. 그에게 젊고 똑똑한 제자가 생겼다. 제자는 스승에게 간절하게 물었다.

"어떻게 하면 고통에서 벗어날 수 있습니까?" 그때마다 스승은 "내가 가르쳐 주마 그러나 아직 때가 아니다."라는 말만 되풀이했다. 10년이 지난 뒤 스승은 때가 되었다고 생각하고 제자를 데리고 숲 속으로 갔다.

"오늘은 너에게 고뇌를 벗어나는 방법을 가르쳐 줄 테니 나를 따르라." 하고는 정신없이 숲을 뛰기 시작했다. 한참을 달리던 스승은 아름드리나무를 끌어안고 살려 달라고 고함을 치기 시작했다. 제자는 스승을 나무에서 떼어놓으려 안간힘을 썼지만 떨어지지 않았다. 제자가 가만히 생각해보니 나무가 스승을 놓아주지 않는 것이 아니라 스승이 스스로 나무를 붙들고 살려달라고 소리치는 것이었다.

제자가 스승에게 "나무를 잡은 손을 놓으십시오."라고 하니 스승은 마지못해 손을 놓으면서 "제자야! 바로 이것이 고통에서 벗어나는 길이란다." 하고 일러 주었다.

그렇다. 새로운 것을 잡으려면 지금 잡고 있는 것을 놓아야 한다는 이야기는 어려서부터 익히 들어 알고 있다. 그럼에도 불구하고 전에 배운 것, 전에 경험한 것으로 급변하는 현재를 살아보려 하니 역시나 힘이 들었다. 그 결과 불안정한 직장 생활로 경제적 고통을 가져왔고, 정신적인 고통으로까지 이어져 생활의 어려움은 가중되었다. 하지만 지금은 건강한 몸 가지고 매일 책을 읽으며 책 속 이슈 인물들의 지도를 받아 목표에 기어를 넣고 실천의 연료를 주입, 지속이란 액셀러레이터를 힘껏 밟고 있다. 이제야 새로운 길이 보이기 시작했고 난 느리지만 그 길을 즐겁게 가고 있다.

나를 붙잡고 있는 것이 무엇인가?

물질인가? 명예인가? 아니면 잘못된 습관인가?

프랑스의 시인 기욤 아폴리네르는 「벼랑 끝으로 오라」는 시를 통해 움켜 쥔 오늘을 놓아야 새로운 내일을 잡을 수 있다고 말하고 있다.

그가 말했다. 벼랑 끝으로 오라.

그들이 대답했다. 우린 두렵습니다.

그가 다시 말했다. 벼랑 끝으로 오라.

그들이 왔다. 그는 그들을 밀어 버렸다.

그리하여 그들은 날았다.

무엇을 담으시렵니까?

'마음은 빈 상자와 같다. 보석을 담으면 보석 상자가 되고, 쓰레기를 담으면 쓰레기 상자가 된다.'[14]

병瓶에 물을 담으면 '물병', 꽃을 담으면 '꽃병', 꿀을 담으면 '꿀병'이 된다. 통桶에 물을 담으면 '물통', 똥을 담으면 '똥통', 쓰레기를 담으면 '쓰레기통'이 된다. 그릇器에 밥을 담으면 '밥그릇', 국을 담으면 '국그릇', 김치를 담으면 '김치그릇'이 된다. 병瓶이나 통桶이나 그릇器은 그 안에 무엇을 담느냐에 따라 좋은 쓰임으로 쓸 수

----

14) 양광모, 「비상」, 이룸나무

도 있고 허드렛일에 쓰일 수도 있다.

사람들은 마음이라는 그릇을 가지고 있다. '마음 그릇'도 그 안에 무엇을 담느냐에 따라 좋은 대접을 받을 수도 있고 못된 대접을 받아 천덕꾸러기가 될 수도 있다. 즉 우리 마음 그릇 속에 담겨 있는 것들이 무엇이냐에 따라 대접이 달라진다. 우리의 마음 그릇 속에 사람 생각이 담겨 있으면 사람대접을 받지만, 짐승 생각이 담겨 있으면 짐승대접을 받는다. 남들이 싫어하는 사람은 배척의 대상이 되지만, 남들이 좋아하는 사람은 존경의 대상이 된다. 마음속에 무엇을 얼마만큼 담느냐 하는 것은, 그 어느 누구의 책임도 아니고 오직 자기 자신이라는 것을 알아야 한다. 무엇을 선택하느냐에 따라 결과는 달라질 것이고, 때론 가는 길이 달라도 목적지는 같을 수 있다. 인생은 선택의 연속이다.

그렇다. 그 어떤 것도 좋은 면이 있으면 나쁜 면도 있다. 길에도 직선만 있는 것이 아니라 곡선도 있다. 양지가 있으면 음지가 있듯 100% 만족한 여행지도 완벽한 배우자도 없다. 선택이란 여럿 가운데서 필요한 것을 골라 뽑음을 말한다. 장점을 크게 보고 단점을 감싸 안으면서 이 현재의 시간을 선택해야 하는 것이다. 장점을 크게 보려고 노력하면 할수록 현재의 시간은 더욱 매력적인 것이다. 그리고 이 매력적인 시간에 충실하면 할수록, 먼 미래는 보장받을 수 있다. 선택은 다른 사람의 도움을 받기도 하지만 최종 결정은 자신의 몫이다.

당신은 마음이란 상자에 무엇을 담으렵니까?

위대한 성과의 법칙

체로키 부족의 늙은 추장이 손자에게 전하는 인생 교육이 있다.

"마음속에는 늘 싸움이 일어난단다. 마치 두 마리 늑대가 싸우는 것과 같단다."

"하나는 악마 같은 놈… 또 다른 놈은 선한 놈이지."

손자는 잠시 동안 할아버지가 들려준 이야기를 생각하다가 할아버지께 물었다.

"그럼 어떤 늑대가 이기나요?"

체로키의 늙은 추장은 간단하게 대답했다.

"네가 먹이를 주는 놈이 이긴단다."[15]

당신은 지금 악마 같은 놈에게 먹이를 주고 있지는 않는가?

당신은 지금 부정적인 삶에 목매고 있지는 않는가?

당신은 지금 누구와 무엇을 위해 바쁘게 살아가고 있는가?

당신은 언제나 선한 늑대가 이기기를 희망하며 살고 있는가?

강철왕 카네기는 아침잠은 인생에서 가장 큰 지출이라 말하고 있다. 아침 30분 또는 1시간 동안 자신만의 변화를 시작하라. 아침형 인간이 되면 새벽 공기, 한산한 지하철, 뻥 뚫린 도로 등 남보다

---

15) 스티브 제이프론, 『위대한 성과의 법칙』, 비즈니스맵

일찍 시작하는 즐거움, 준비된 여유의 생활을 즐길 수 있다. 두 배의 인생이 시작된다. 당신의 하루는 어떻게 시작되고 있는가? 하루의 첫 시작이 바뀌면 하루가 바뀌고 하루가 바뀌면 인생이 바뀐다.

'나는 오늘날까지 아무리 바빠도 매일 1시간씩, 주말에는 2~3시간씩 책을 읽는다. 하버드 졸업장보다 중요한 것이 독서하는 습관이다.' 늘 배우는 자세를 유지하고 있는 마이크로소프트 창업자 빌 게이츠의 말이다.

'어린 시절 골목길의 책사가 그를 쫓아 낼 때까지 책을 읽었고, 여학교 시절에는 선배에게 빌린 도스토예프스키의 『죄와 벌』을 읽기 위해 학교결석을 했다는 것, 그 나이에 하룻밤 3권의 책을 속독하기도 했다.' 등의 일화로 알 수 있는 무진장한 독서량은 박경리 소설의 기초가 되었음을 알 수 있다.

세기의 천재로 손꼽히는 에디슨은 전구에 불이 들어오듯 아이디어가 번쩍번쩍 떠오르고 필요할 때마다 머릿속에서 쑥쑥 꺼냈을 것 같지만, 사실은 조금 전에 한 말도 금세 잊어버리는 까마귀형 인간이었고 이 때문에 메모광이 되었다. 발명왕 토마스 에디슨이 남긴 메모와 서류는 모두 500만 장이 넘는다고 한다.

이와 같이 아침형 인간이 된 카네기, 독서광이 된 빌 게이츠와 박경리, 메모하는 습관을 가진 에디슨을 닮자.

내가 습관과 관련하여 자주 사용하는 말이 있다. '좋은 습관은 저축하는 것과 같고 나쁜 습관은 도둑질하는 것과 같다. 저축은 이 자가 쌓이지만 도둑질은 전과가 더해지기 때문이다.'

그렇다. 좋은 습관과 나쁜 습관의 결과는 확연히 다르다. 일찍 일어나는 습관, 독서하는 습관, 메모하는 습관이 저들의 삶을 바꾸어 놓았다. 나 역시 매일 책을 읽고 규칙적인 달리기를 통해 몸과 마음의 자세와 태도가 달라졌다. 무엇보다 자존감과 자신감의 향상은 나를 매일 흥분하게 만든다. 습관은 갑자기 바뀌지 않는다.

내가 12년 전 시작한 블로그 이슈인물연구소에는 현재까지 10,000여 개의 글이 올려져 있고, 150만 명이 다녀갔으며 하루 평균 700여 명이 즐겨 찾는 블로그이다. 이곳에 각 분야 이슈 인물들의 일화들을 소개하는 것이 메인이고, 새로운 책 소개와 독후감, 아이들에게 비전을 심어줄 짧지만 감동의 글 수록, 건강한 몸을 만들기 위한 정보의 글들이 포함되어 있다.
나는 이 블로그를 통해 성실의 씨앗을 심고 정직의 뿌리를 내리고 봉사의 열매를 맺어 더불어 사는 모든 이와 기쁨으로 나누는 삶을 살기 원한다. 그리고 시간과 공간, 세대와 거리를 뛰어넘어 새로운 꿈과 비전을 찾아 소통하고 호흡하는 작지만 큰 징검다리, 디딤돌이 되었으면 하는 바람이 있다.

주위를 돌아보면 자신이 원하는 바를 선택하고 나쁜 습관을 좋

은 습관으로 바꾼 다음, 제2의 멋진 삶을 살아가는 사람들을 종종 만난다. 『나는 마트 대신 부동산에 간다』의 저자, 세 아이의 평범한 엄마, 30대 초반의 전업주부 김유라는 마트 대신 6년간 부동산에 다녔더니 아파트 15채를 갖게 되었다고 말하고 있다.

결혼 초 투자한 펀드의 반 토막, 매년 오르는 전세가 때문에 고민하다가 '아이에게 가난을 물려주어서는 안 된다. 펀드 손실 만회, 전세 전전하는 생활 청산, 무책임한 부모가 되지 말자.'로 인생의 목표를 정하게 된다. 공부에 혐오증이 있던 사람, 공부에 관심 없는 먹고대학생이었던 그가 이와 같이 큰 결과를 만들어낼 수 있었던 힘은 책을 읽음에서 비롯되었다. 부동산 투자를 시작하기 전 철저한 공부로 준비하였다. 무엇보다 투자의 세계에서 정보와 지식에 뒤처지는 것은 돈을 잃는 가장 쉬운 길이고 내 가족의 미래를 위협하는 무서운 일임을 깨닫게 되었다.

어떻게 하면 내 아이들을 건강하고 행복하게 키울 수 있을까?
어떻게 하면 인생을 즐기는 사람이 될 수 있을까?
어떻게 하면 타인의 시선에 얽매이지 않고 하고 싶은 일을 자유롭게 하면서 살 수 있을까?
고민하던 저자는 집에서도 도서관에서도 아기를 업고 부동산 투자 실용서뿐만 아니라 경제 관련 이론서까지 두루 읽었다. 국내외 정세 흐름도 읽으려 노력했다. 그녀는 혼자 힘으로 많은 책을 접하면서, 남들과 다른 자신만의 부동산 투자 기법을 구체화시켰다.

공부로 내공을 쌓지 않으면 남의 말에 휩쓸리기도 쉽다. 누가 어느 아파트를 사서 돈을 벌었다는 말에, 주가나 금값이 오르고 있다는 뉴스에, 높은 수익률을 보장한다는 컨설팅업자의 권유에 팔랑귀가 된다. 부화뇌동[줏대없이 남의 의견에 따라 움직임]하지 말고 우직하게 공부해야 한다.

그렇다. 모르는 것은 배워야 한다. 바야흐로 백세시대 조급할 이유가 없다. 몇 년 공부만 해도 늦지 않다. 자꾸만 조급해지는 마음을 공부로 다스려야 한다. 그래야 투자에 실패하지 않는다. 책의 숲에서 돈의 길을 찾았다고 베스트셀러가 된 책의 저자는 외치고 있다. 평범한 주부에서 월세 받는 여자가 되었다. 처음부터 잘나고 잘된 사람은 없다. 이와 같이 목표를 가지고 될 때까지 나부터 작은 것부터 지금부터 열정을 불태우면 누구든 가능하다.

누구에게나 놓치고 싶지 않은 꿈이 있고 간절히 소망하는 인생이 있다. 전문가는 나중하더라도 그 분야의 마니아로 보람과 기쁨을 더하는 행복한 삶이 '오늘은 조금~ 내일은 조금 더~' 펼쳐질 것을 생각하니 마음속 깊은 곳에 자리한 웃음이 살아난다.

습관은 $y=x^2$ 그래프다. 계단식 상승효과의 설명 방식은 '도전하면 어느 순간 매너리즘에 빠지고 그 순간을 잘 버티면 어느 순간 오른다.'는 개념인데, 어떤 습관이든 조금씩 몸에 배다가 어느 임계점을 지나면 강력한 효과를 나타낸다. 따라서 초반에는 결과를 내야겠다는 마음가짐보다는 즐길 수 있는 거리를 많이 만드는 것이 중요하다. '자아는 이미 만들어진 것이 아니다. 선택을 통해 계속 만들어가는 것이다.' 미국의 철학자이자 교육학자 존 듀이의 말이다.

당신의 좋은 습관은 무엇인가?
당신의 나쁜 습관은 무엇인가?
취할 것과 버릴 것을 분별하여 실천하는 것이 힘이다.

긍정적 사고

긍정적 사고가 이긴다

전투에서 연전연승을 거둔 장군이 있었다. 그가 새로운 전투를 앞두고 부하들 앞에 섰다. 그리고 단언했다.

"동전을 던져 앞면이 나오면 우리가 반드시 이긴다!"

그는 모두 침묵을 지키고 응시하는 가운데 동전을 던졌다. 결과는 앞면이었다. 전투 결과도 압승이었다. 따르던 참모가 물었다.

"어떻게 앞면이 나올 것인지 아셨습니까?"

장군이 동전을 건넸다. 참모가 살펴보니 동전의 양쪽이 모두 앞면이었다.

그렇다. 긍정적 사고와 긍정적 말의 힘은 상대의 닫힌 마음을 열고, 절망을 희망으로 바꾸고, 용기를 북돋아주고, 존경과 감사를 표하고, 서로 승리하는 결과를 이끌어내기 위한 가장 좋은 방법이다. 평상시 당신은 주로 어떤 말을 사용하고 있는가? 예로부터 소리 내어 말하면 그것이 현실에 영향을 미친다는 이야기가 있다. 삶을 변화시키는 아름답고 긍정적인 말의 힘은 경험해 본 사람만이 알 수 있다.

긍정적 사고를 하는 것이 왜 중요할까? 컵에 물이 반 잔 담겨 있을 때 '아직 반이나 남았네.' 하는 사람과 '물이 반밖에 없네.' 하는 사람의 이야기는 긍정적 사고와 부정적 사고를 나타내는 대표적 사례이다. 나막신장수와 짚신장수 두 아들을 둔 어머니 이야기도 있다. 어머니는 비가 오면 짚신장수 아들을 걱정하고 날이 좋으면 나막신장수 아들을 걱정하느라 일 년 내내 걱정이 그칠 새가 없었다. 하지만 마찬가지로 나막신장수와 짚신장수 두 아들을 둔 다른 어머니는 비가 오면 나막신 잘 팔릴 것을 기뻐하고 날이 좋으면 짚신이 잘 팔릴 것을 기뻐하여 일 년 내내 행복하게 살았다.

당신은 나쁜 것만 보는 어머니와 좋은 것만 보는 어머니 중 누구를 닮고 싶은가? 사회생활을 하다 보면 다양한 사람을 만나 많은 이야기를 듣게 된다. 그런데 어떤 이는 사사건건 부정적인 말로 분위기를 흐리는 사람이 있는 반면, 어떤 이는 힘들고 어려운 일 가운데에서도 긍정적인 말로 희망을 선물하는 사람이 있다. '하면 된다, 할 수 있다'는 긍정적인 말을 외치며 하루를 시작하는 사람들에게 박수를 보낸다.

긍정적 사고를 하는 사람 곁에 있으면 그 근처에 있는 사람까지
이유 없이 기분이 좋아지고 긍정의 에너지를 마치 바이러스처럼
전달받게 된다. 무엇보다 자기 자신부터 긍정적 사고로 삶을 이끌
어 간다면 성공은 반드시 따라올 것이다. 미국의 목사인 노먼 빈센
트 필은『긍정적 사고방식』,『적극적 사고방식』,『믿는 만큼 이루어
진다』,『열정이 차이를 만든다』,『뜻한 대로 된다』등 46권의 책을
썼지만, 모든 책들에 걸쳐 그의 메시지는 한결같다. 긍정하고 낙
관하고 확신하면 꿈꾼 대로 이루어진다는 것이다.

몇 해 전부터 매일 카톡으로 성경 말씀 한 구절과 긍정의 메시지
한 문장을 보내주는 목사님이 계시다. 아침이 되면 제일 먼저 도착
한 긍정의 글을 읽게 되고, 일과 중 만나는 사람들과 그 글을 나누
는 기회가 많아졌다. 크고 놀라운 긍정적 말의 힘은 사람들에게 용
기뿐만 아니라 얼굴에는 미소를, 마음에는 희망을 선물하는 것 같
아 덩달아 힘이 솟는다. '나는 해야 한다. 그러므로 할 수 있다.' 철학자
칸트의 말이다.

나는 긍정적인 사람인가? 부정적인 사람인가?

믿는 만큼 이루어진다

'인생은 너무 복잡해. 위험을 감수해야 했다. 어떤 길들은 계속
따라가고, 다른 길들은 포기해야 했다. 하지만 최악은 그것이 아
니었다. 제일 나쁜 것은 자신이 그 길을 제대로 선택했는지 평생
의심하며 그 길을 가는 것이었다.' 파울로 코엘료의 말이다. 목표

를 세웠으면 의심하지 말고 뒤돌아보지 말고 멈추지 말고 그 목표를 향해 전력투구해야 한다. 시행착오와 실패는 자신을 더욱 성숙시키는 일, 목표에 한발 더 가까이 가는 일이라 믿고 인내하는 태도를 지녀야 한다.

한 대머리인 남자가 발모제를 만드는 회사에 지원했다. 사장이 궁금해서 물었다.

"대머리인데 발모제를 팔 수 있겠습니까?" 그러자 남자가 웃으면서 대답했다.

"하하하, 걱정하지 마십시오. 제 친구는 가슴이 없지만 브래지어를 아주 잘 팝니다."[16]

그렇다. 내가 나를 믿어야 다른 사람들도 나를 믿는다. '이 세상에서 가장 쓸 만한 건 나야.'라고 믿고 행동해야 한다. 그것이 악한 선택이 아니라면 선택했으면 믿어야 한다. 누군가 비난하고 시련이 다가올지라도 굳게 자신의 선택을 믿어야 한다. 만약 자신의 선택을 후회하는 순간 너의 선택은 정말 잘못된 선택이 되는 것이다.

'나는 꿈을 가진 사람이다. 나는 열정적인 사람이다. 나는 성실한 사람이다.' 등 우리는 우리의 가치관에 따라서 행동을 하게 된다. '나는 성실하다'고 외치면서 성실을 가치관으로 가진 사람은 약속을 하면 틀림없이 지킨다. 왜냐하면 성실한 사람이기 때문이

---

16) 최규상, 『유머 손자병법』, 작은씨앗

다. 이러한 가치관은 우리 자신의 뿌리다. 뿌리가 튼튼하면 나무가 잘 자라듯이 '나는 누구이다.'라는 가치관이 분명한 사람은 그러한 가치관에 따라 일관성 있는 행동을 하게 된다. 일관된 행동을 통해서 신뢰를 얻게 된다. 그리고 이러한 가치관에 따라서 중요한 것을 남기고 하늘나라에 가는 것이다. 비전이라는 것이 무엇인가? 보이지 않지만 바라고 소망하는 것이다. 비전은 내가 꿈꾸는 것을 상상을 통해서 창조해내는 능력을 말한다.

나는 누구이며 내가 가진 장점은 무엇인가?
내가 중요하다고 생각하는 가치는 무엇인가?

긍정의 한마디

텔레비전에 어느 이름난 강사가 나와 열강을 했다. 그는 강의 도중 손금에 얽힌 일화를 소개했는데 아침마다 손금을 보며 힘을 얻는다고 했다. 그의 손금은 대부분의 사람들처럼 세 선이 아니라 유독 굵은 두 선만 뚜렷하게 보일 뿐이었다. 그의 특이한 손금을 보며 어머니는 늘 말씀하셨단다.

"너는 두 가지 길밖에 없어. 성공 아니면……."

다음 말을 기다리기도 전에 '그야 뻔하지, 반대 의미가 아닐까.' 미리 단정을 하는데 웬 걸, 그의 말은 예상을 비껴가 있었다.

"성공 아니면…… 출세!"

긍정의 한마디로 자식을 성공으로 이끈 어머니의 지혜가 돋보인

다. 긍정적인 사람이 사람도 잘 사귄다. 태어날 때부터 성공하는 사람이 정해진 것은 아니다. 성공하는 사람은 성공할 수밖에 없는 그들만의 생활습관이 있다. 날아가는 새를 보고 날 수 있다고 긍정했던 사람의 생각에서 비행기가 만들어졌으며 오늘날 세계를 일일생활권으로 만들었다.

긍정적인 자기암시는 긍정적인 삶의 결과로 나타난다. 사람의 손에는 기본적으로 생명선, 감정선, 성공선, 재물선, 두뇌선, 운명선이 있다. 이 모든 선은 내 손 안에 있으므로 자신이 어떻게 생각하고 어떻게 행동하느냐에 달려 있다.

그렇다. '할 수 있다'는 긍정의 힘은 2016 리우올림픽에서도 일어났다. 32강부터 무서운 기세로 연승 행진을 이어간 박상영. 한국 펜싱 에페 역사상 첫 결승 무대까지 올랐다. 경기 초반 박상영은 9 : 13으로 끌려갔다. 2피리어드가 끝나고 휴식을 취하던 박상영을 향해 어디선가 '할 수 있다'는 목소리가 크게 들렸다. 박상영은 무의식적으로 혼잣말로 '할 수 있다'를 두 번 되뇌었다. 이후 다시 피스트에 오른 박상영은 10 : 14에서 기적의 연속 5점을 더해 당당히 1위 자리를 차지했다. 박상영을 일깨운 '할 수 있다' 목소리의 주인공은 펜싱 여자 사브르 유상주 코치였다. 박상영은 '할 수 있다'가 힘든 상황에서 절박한 사람들이 쓰는 주문이 되길 바란다. 사실 포기할까 하는 생각도 했지만 이런 기회가 다시 오지 않을 거라고 생각하며 마지막까지 최선을 다했다며 당시 기억을 떠올렸다. 이런 일화의 주인공이 다음은 당신 차례이길 바란다.

할 수 있다는 믿음을 가지면 처음에는 그런 능력이 없을지라도 결국에는 할 수 있는 능력을 갖게 된다. 그러므로 우리에게는 긍정적인 생각과 자세가 참으로 중요하다.

맑음, 옥문을 나왔다

이순신은 어명 거부 죄목으로 심한 고문을 받고 28일 동안 투옥되었다. 백의종군으로 간신히 풀려난 1597년 4월 1일, 『난중일기』에 이렇게 적었다.

'맑음. 옥문을 나왔다.' 이튿날인 4월 2일에는 '필공을 불러 붓을 매게 했다.'고 적었다. 생사를 넘나드는 막다른 상황에서도 결코 체념, 분노, 절망을 선택하지 않았다. '맑음'은 자신에게 주어진 가혹한 운명을 담담히 받아들이겠다는 긍정적 심정의 표현이고, '붓을 매게 했다.'는 것은 과거에 매이지 않고 내일을 준비하겠다는 의지의 표현이다.

이순신은 한국사에서 가장 위대한 인물의 한 표상이다. 그런 추앙은 그를 수식하는 성웅이라는 칭호에 집약되어 있다. 역시 성웅의 행동은 다르다. 그는 수많은 역경과 난관을 치열한 고뇌와 노력으로 돌파했다. 원망과 불평을 나타내는 '흐림'이 아닌 책임감과 희망과 긍정을 나타내는 '맑음'이었다. 생각이 맑기에 어떤 일도 감당할 수 있다. 과거에 얽매이는 행동이 아니라 지금 이 시간의 중요함을 알려주고 있다.

23번 싸워 23번 모두 승리를 이끌어 낸 이순신 장군은 수(手)싸움의 명장이었다. 함선의 수는 적의 10분의 1도 안 됐다. 후방의 지원은 열악했고, 우리 군량미는 바닥이 났으며, 얼마 안 되는 병사들은 지쳐있었지만 이순신 장군에게는 누구도 따라올 수 없는 탁월한 전략戰略이 있었다. 누구도 예상치 못한 시간時間을 찾아내었고, 누구도 예상치 못한 공간空間을 만들어 누구도 따라올 수 없는 스피드speed로 왜군을 섬멸했다. 그렇다. 지혜로운 사람은 지나간 과거를 슬퍼하지 않고, 오지 않은 미래를 걱정하지도 않는다. 지금 당장 해야 할 일에만 전념한다. 현재를 긍정적으로 생각하고 지혜롭게 행동으로 옮길 때 절망이 아닌 희망을 맞게 된다.

맨주먹의 CEO 이순신에게 배워라.[17]

집안이 나쁘다고 탓하지 마라. 나는 몰락한 역적의 가문에서 태어나서 가난 때문에 외갓집에서 자라났다.

머리가 나쁘다고 말하지 마라. 나는 첫 시험에서 낙방하고 서른 둘의 늦은 나이에야 겨우 과거에 급제했다.

좋은 직위가 아니라고 불평하지 마라. 나는 14년 동안 변방오지의 말단 수비 장교로 돌았다.

윗사람에 지시라 어쩔 수 없다고 말하지 마라. 나는 불의한 직속 상관들과의 불화로 몇 차례나 파면과 불이익을 받았다.

몸이 약하다고 고민하지 마라. 나는 평생 동안 고질적인 위장병과 전염병으로 고통 받았다.

기회가 주어지지 않는다고 불평하지 마라. 나는 적군의 침입으

17) 김덕수, 『맨주먹의 CEO 이순신에게 배워라』, 밀리언하우스

로 나라가 위태로워진 후 마흔일곱에 제독이 되었다.

조직의 지원이 없다고 실망하지 마라. 나는 스스로 논밭을 갈아 군자금을 만들었고 스물세 번 싸워 스물세 번 이겼다.

윗사람이 알아주지 않는다고 불만을 갖지 마라. 나는 끊임없는 임금의 오해와 의심으로 모든 공을 빼앗긴 채 옥살이를 해야 했다.

자본이 없다고 절망하지 마라. 나는 빈손으로 돌아온 전쟁터에서 열두 척의 낡은 배로 133척의 적을 부수었다.

옳지 못한 방법으로 가족을 사랑한다 말하지 마라. 나는 스무 살의 아들을 적의 칼에 잃었고 또 다른 아들들과 함께 전쟁터로 나섰다. 죽음이 두렵다고 말하지 마라. 나는 적들이 물러가는 마지막 전투에서 스스로 죽음을 택했다.

갖은 열세를 극복하고 위대한 승리를 거둔 이순신 장군의 지혜로운 전략에 존경스러움을 감출 길 없다. 어렵고 힘든 가운데 문제들을 해결하고 절박함을 벗어날 수 있는 방법 중 하나는 이순신 장군의 긍정 심리이다. 자신이 가난하다고, 건강하지 못하다고, 무능하다고, 남이 날 알아주지 않는다고, 과거가 발목을 잡는다고, 온갖 안 되는 이유로 실패를 합리화하며, 인생을 낭비하고 있지는 않나요? 그러기에는 자신의 인생이 너무 가엽고 아깝지 않나요?

외쳐라! 큰 소리로 외쳐라! '나는 할 수 있다'고.

당신은 긍정적인 사람인가?

당신은 책임감이 강한 사람인가?

05

절대 희망

희망을 가져야 하는 이유

산다는 것은 꿈을 꾸는 것이다 / 프리드리히 실러

산다는 것은 꿈을 꾸는 것이다.
현명하다는 것은 아름답게 꿈을 꾸는 것이다.
산다는 것은 꿈이 있다는 것이요,
꿈이 있다는 것은 희망이 있다는 것이다.

희망이 있다는 것은 이상을 갖는다는 것이요,
비전을 지닌다는 것이다.
비전을 지닌다는 것은 인생의 목표가 있다는 것이다.

꿈을 상실한 사람은 새가 두 날개를 잃은 것과 같다.

비록 힘없고 하찮은 존재라 하더라도 꿈을 가질 때
얼굴은 밝아지고 생동감이 흐르며
눈에는 광채가 생기고 발걸음은 활기를 띠고
태도는 씩씩해지는 것이다.

꿈이 있는 사람이 행복한 사람이고,
꿈꾸는 자가 인생을 멋있게 사는 사람이다.
꿈이 있는 사람이 참 인생을 알고,
인생의 멋을 아는 사람이다.

꿈이 있는 사람이 인생을 멋있게 살고,
아름다운 발자취를 후세에 남기는 것이다.

독일의 시인이며 극작가인 프리드리히 실러는 '산다는 것은 꿈을 꾸는 것이고, 꿈이 있는 사람은 인생의 멋을 아는 사람이다.'라고 말하고 있다. 우리의 삶이 눈에 보이고 손으로 잡을 수 있는 현실만이 전부라면 얼마나 무의미하고 삭막하겠는가? 또한 꿈이란 젊은 사람들의 몫이자 특권처럼 인식되기도 한다. 하지만 아무리 젊어도 꿈이 없다면 그 사람은 무기력증에 빠지고 말 것이며, 비록 나이가 들어서도 꿈을 간직하고 산다면 눈에는 광채가 흐르고 생동감이 넘칠 것이다. 우리가 희망을 가져야 하는 이유는 우리의 마지막 희망이기 때문이다.

　농부는 굶어도 씨앗은 먹지 않는다. 절대 희망이기 때문이다. 희망을 잃으면 생존할 수 없다. 희망을 잃은 사람은 내일이 없는 사람이다. 당신은 내일이 없다면 어떻게 살겠는가? 희망이 없는 사람에게 지켜야 할 진리 따위 존재하지 않는다. 죽을 일만 남은 인생, 볼 것 없는 인생이 된다. 숱한 좌절 속에서도 우리가 희망을 가져야 하는 이유는 또 다른 기회가 있기 때문이다. 어떤 이는 나 자신을 지키는 방법이기 때문이라 말하고 있다. 희망은 현실을 유지하거나 현재를 바꿀 수 있는 힘이다. 희망은 불가능한 일을 가능하게 한다.

　『살아야 한다 나는 살아야 한다』는 정말 처절하고 긴박한 삶을 살았던 마르틴 그레이의 실화를 바탕으로 한 자서전이다. 2차 세계대전을 유대인으로 살아야 한다는 건 차라리 죽음이 편했던 삶일 것이다. 하지만 마르틴 그레이는 언제나 불가능한 일도 가능하리라고 믿었다. 살아있다는 그 자체가 불가능한 기적이었기 때문이다. 트레블린카 수용소에는 출입구가 두 개 있었다. 하나는 사람들이 사라져가는 하늘가는 길이었고 하나는 나치 친위대들이 사용하는 정식 출입구였다. 하루를 그렇게 보내고 나면 밤이 오곤 했다. 내가 의지할 건 내게 계속 말을 거는 방법뿐이었다. 나는 반드시 살아야 한다. 내가 사랑한 사람들을 위해 살아야 한다.[18] 그는 살

---

18) 마르틴 그레이, 『살아야 한다 나는 살아야 한다』, 21세기북스

아남으라는 아버지의 유언에 따라 이를 악물고 탈출에 성공한다.

그렇다. 희망은 움직이지 않던 사람을 움직이는 힘이며, 일을 하지 않던 사람을 일을 하게 하는 힘이며, 망설이고 있던 무엇인가를 시작하게 할 수 있는 힘이다. 희망은 어린이나 젊은이만의 것이 아니다. 장년이든 노인이든 꿈을 꾸며 희망을 가지고 살아야 한다. 꿈꾸지 않으면 희망은 사라지고 만다. 꿈과 희망은 늘 함께 한다.

역사 이래 꿈 시장에 불경기란 없었다. 그렇지 않은가. 경제의 불경기 때, 사람들에게 더욱 필요한 것은 꿈이다. 호경기 때는 또 그 상승의 붐이 꿈을 부채질한다. 희망 다이내믹을 작동시켜라. 희망 안에 내재된 힘! 이 힘을 이용하는 것이야말로 지금 우리에게 필요한 지혜다.

중국의 문학가 루쉰이 쓴 『희망은 길이다』에서 '희망이란, 본래 있다고도 할 수 없고 없다고도 할 수 없다. 그것은 땅 위의 길과 같다. 본래 땅 위에 길이 없었다. 걸어가는 사람이 많아지면 그것이 곧 길이 되는 것이다.'라고 말하고 있다.

몇 번 곱씹어도 멋진 희망의 명언이다. 기다림과 몹시 놀라 감탄의 시간을 갖다 보면 희망의 싹이 튼다. 희망은 청하지도 않았는데 저절로 오는 손님이 아니다. 오늘을 충실히 살면서 씨를 뿌리고 나무를 심을 때 불현듯 찾아온다. 산다는 것은 어차피 아픈 것이다. 그러나 아픔은 아픔만으로 끝나지 않는다. 생명을 향해 용솟음치는 환희가 있다. 그것이 희망이다.

'겨울에는 나무에 아무것도 보이지 않아 도저히 잎이 필 것 같지 않지요. 그러나 몇 달 지나 봄이 오면 잎과 꽃이 핀다. 가을에는 열매가 맺힌다. 침묵 속에서 새싹이 피어나고 꽃이 만개하고 열매가 달리는 모습을 보게 된다. 그것이 바로 희망이지요.' 이해인 수녀님이 나에게 속삭인 말이다.

다음 칸이 희망이다

이 이야기는 지하철에서 본 너무나도 황당한 실화이다. 어떤 아저씨가 가방을 들고 탔다. 아저씨는 헛기침을 몇 번 하더니 가방을 내려놓고 손잡이를 잡았다. 익숙한 이야기가 시작됐다.

"자, 여러분, 안녕하십니까? 제가 이렇게 여러분 앞에 나선 이유는 가시는 길에 좋은 물건 하나 소개해 드리고자 이렇게 나섰습니다. 자, 플라스틱 머리에 솔이 달려 있습니다. 이게 무엇일까요? 칫솔입니다. 이걸 뭐하려고 가지고 나왔을까요? 팔려고 나왔습니다. 얼마일까요? 천 원입니다. 뒷면 돌려 보겠습니다. 영어로 써 있습니다. 메이드 인 코리아! 이게 무슨 뜻일까요? 수출했다는 겁니다. 수출이 잘 됐을까요, 안 됐을까요? 망했습니다. 자 그럼, 여러분에게 하나씩 돌려보겠습니다."

아저씨는 칫솔을 사람들에게 돌렸다. 황당해진 사람들은 웃지도 못했다. 칫솔을 다 돌린 아저씨가 말을 이었다.

"자, 여러분, 여기서 제가 몇 개나 팔 수 있을까요? 여러분도 궁금하시죠? 저도 궁금합니다. 잠시 후에 알려 드리겠습니다."

궁금했다. 몇 개나 팔렸을까? 4개가 팔렸다. 말이 이어졌다.

"자, 여러분, 칫솔 네 개 팔았습니다. 얼마 벌었을까요? 팔아서 4천원 벌었습니다. 제가 실망했을까요? 안 했을까요? 예, 실망했습니다. 제가 여기서 포기할까요, 안 할까요? 절대 안 합니다. 저는 바로 다음 칸으로 갑니다!"

아저씨는 가방을 들고 유유히 다음 칸으로 건너갔다. 승객들은 거의 뒤집어졌다. 웃다가 생각해보니 그 아저씨는 웃음만 준 것이 아니었다. 그 아저씨가 우리에게 보여준 더 중요한 것은 희망, 바로 희망이었다. 다음 칸이 있는 한, 아저씨는 실망도 포기도 하지 않는다. 그 아저씨처럼 우리에게도 누구에게나 다음 칸이 있으니까.

그렇다. 희망을 품지 않는 자는 절망도 할 수 없다. 삶이 있는 한 희망이 있다. 희망은 어둠 속에서 시작된다. 일어나 옳은 일을 하려 할 때 고집스런 희망이 시작된다. 새벽은 올 것이다. 기다리고 인내하며 일하라. 포기하지 말라. 반드시 밀물 때가 온다. 큰 희망이 큰 사람을 만든다.

'태양은 또다시 떠오른다. 태양은 저녁이 되면 석양이 물든 지평선으로 지지만, 아침이 되면 다시 떠오른다. 태양은 결코 이 세상을 어둠이 지배하도록 놔두지 않는다. 태양은 밝음을 주고 생명을 주고 따스함을 준다. 태양이 있는 한 절망하지 않아도 된다. 희망이 곧 태양이다.' 어니스트 헤밍웨이의 말이다.

애벌레와 나비

손녀와 함께 산을 오르던 할아버지가 발걸음을 멈추더니 나뭇잎 하나를 집어 들었다.

"얘야, 이걸 좀 봐라. 뭐가 보이니?"

"애벌레요."

"언젠가는 아름다운 나비가 될 거란다. 자세히 들여다보렴. 이 애벌레가 나비가 될 거라는 표시가 어디 있는지 말해주겠니?"

손녀는 그 표시를 찾으려고 애벌레를 유심히 살펴보았다.

"할아버지, 이게 나비가 될 거라는 표시는 아무 데도 없어요."

그러자 할아버지가 말했다.

"바로 그거다! 너의 모습에서 네가 앞으로 무엇이 될지 사람들에게 알려주는 표시는 아무것도 없단다. 네가 무엇이 될 수 있는지를 아는 사람은 오직 너 자신뿐이란다. 애벌레처럼 말이지."

애벌레의 꿈, 여러분의 꿈은 그 누구도 알 수 없다. 오직 자신만이 알 수 있고, 이룰 수 있는 것이기에 목표를 세우고 한 계단 한 계단 오르다 보면 어느 순간 창공을 힘껏 나는 독수리처럼 멋진 비행을 하게 된다. 애벌레에게 나비가 되는 법을 알려줄 수는 있지만 나비가 될 때를 선택하는 건 애벌레의 몫이다. 지금 나에게 주어진 일이란 애벌레가 나비가 되듯, 아이가 자라 어른이 되듯, 꿈을 가진 아이가 꿈 너머 꿈을 이뤄가는 어른으로 성장하는 과정이다.

그렇다. 꿈이란 때론 바뀔 수 있다. 꿈을 찾는 데 오랜 시간이 걸릴 수 있다. 꿈을 이루는 데는 행함이 따라야 한다. 꿈은 그냥 주어지지 않는다. 구하고 찾고 두드리는 사람에게, 고통을 이겨낸 사람에게 주어진다. '목표는 장기적이어야 한다. 단기적인 목표는 일시적인 장애물에 부딪혀도 쉽게 포기하게 된다. 그러나 장기적인 목표는 사소한 문제나 일시적인 장애물에 굴복하지 않고 그것을 극복하여 성취할 수 있다.' 미국의 작가 지그 지글러의 말이다.

반드시 밀물 때가 온다

미국의 유명한 철강왕 카네기의 사무실 한 벽에는 커다란 그림 하나가 그의 일생 동안 걸려 있다. 이 그림은 유명한 화가의 그림이거나 골동품적인 가치가 있는 그림은 아니었다. 그림 내용은 커다란 나룻배 하나와 배를 젓는 노가 썰물 때에 밀려와 모래사장에 아무렇게나 던져져 있는 것으로, 무척 절망스럽고 처절하게까지 보이는 그림이었다. 그런데 그 그림 밑에는 '반드시 밀물 때는 온다.'라는 글귀가 씌어 있었다.

누군가가 카네기에게 왜 이 그림을 그렇게 사랑하느냐고 물었더니 그의 대답은 다음과 같았다. 그가 청년시절에 세일즈맨으로 이 집 저 집을 방문하면서 물건을 팔았는데, 어느 노인 댁에서 이 그림을 보았다는 것이다. 그에게는 이 그림이 퍽 인상적이었고, 특히 '반드시 밀물 때는 온다.'라는 글귀는 오랫동안 그의 뇌리에서 잊히지 않았다. 그래서 28세 되던 해에 기어코 그 노인을 찾아가 용기를 내어 청을 했다. 할아버지께서 세상을 떠나실 때에 이 그림을 자기에게 줄 수 없겠느냐고 부탁을 드렸던 것이다. 노인은 그의 청을 들어 주었다.

카네기는 이 그림을 일생 동안 소중히 보관했고, '반드시 밀물 때는 온다.'라는 말을 그의 생활신조로 삼았다는 것이다. 어떠한가? '반드시 밀물 때는 온다.'라는 말은 사람을 자살이라는 구렁텅이로 내모는 상대적 박탈감도 충분히 극복할 수 있다는 뜻이 아닐까?

지난 나의 삶을 되돌아보면 밀물도 썰물도 여러 차례 있었다. 기회가 주어졌을 때 진지하게 감사하고 근면과 검소한 생활로 애써 지키지 못함이 지금의 어려움을 맞은 것이다. 추운 겨울, 들과 산이 다 꽁꽁 얼어붙어 죽은 듯 조용하지만 봄이 오면 초록 잎을 틔우며 온 세상이 생기로 가득 찬 것을 본다. 실직을 하고 괴롭고 힘든 인생의 썰물이 오면 우리는 모든 것이 없어졌다고 절망한다. 하지만 실제로는 그때가 바로 밀물을 준비해야 하는 시기인 것이다. 구름이 태양을 가려 보이지 않을지라도 태양은 존재하며 절망이 희망을 가려 보이지 않을지라도 희망은 늘 존재하는 것이다. '자살'의 글자를 바꾸어 보면 '살자'가 된다.

그렇다. 저녁노을 끝에 어둑새벽이 기다리고 있듯 시련의 끝에 언제나 희망이 기다리고 있다. 어려움이 밀려와 소중한 무언가를 휩쓸어 갈 때마다 마음속 한구석에 작은 그림을 떠올리며 이렇게 외쳐보라. '내 인생의 밀물은 반드시 온다. 나는 그때 희망의 바다로 향해 나아가리라.' 나의 가슴 한가운데 큰 고딕 글씨로 새겨져 있는 글이다.

희망이 100이면 절망은 없다

젊은 시절 베토벤은 절망에 빠졌다. 사랑했던 여인이 떠났고 친구와의 말다툼으로 상처받는 일이 잦았다. 게다가 난청이라는 불청객은 음악가로서의 삶 전체를 뒤흔들었다. 현실의 무게를 견딜 수 없었던 베토벤은 인근 수도원을 찾아갔다. 그곳에는 고명한 수사 한 명이 있었다. 베토벤은 제발 나갈 길을 보여 달라고 눈물로 애원했다. 그러자 수사는 방 안으로 들어가 나무상자 하나를 들고 나왔다.

"여기서 유리구슬 하나를 꺼내게." 베토벤이 꺼낸 구슬은 검은색이었다. 수사는 다시 구슬을 꺼내보라고 했다. 이번에도 역시 검은색 구슬이었다.

"이보게, 이 나무상자 안에는 10개의 구슬이 들어있는데, 그 중 8개는 검은색이고 나머지 2개는 흰색이라네. 검은색 구슬은 불행과 고통을 뜻하고 흰색은 행운과 희망을 의미하지. 어떤 사람은 조금 더 운이 좋아 빨리 흰색을 뽑음으로써 행복과 성공을 붙잡기도 하지만, 자네처럼 연속해서 검은색 구슬을 뽑기도 한다네. 중요한 것은 아직도 2개의 구슬이 남아 있고 그 속에 분명 2개의 흰 구슬이 있다는 거야."

터널과 동굴은 둘 다 입구가 있다. 그런데 터널은 출구가 있는 반면에 동굴에는 출구가 없다. 출구가 없다는 것처럼 절망적인 것은 없다. 인생에 있어 출구는 고난이 끝난다는 것을 의미하고, 문제가 해결되는 것을 말한다. 그래서 하늘이 무너질 것 같은 상황이라도 출구가 희미하게라도 보이면 살아갈 희망이 생긴다. 인생은 출구 없는 동굴이 아니다. 한 발짝 한 발짝 희망의 발길을 내딛다 보면 반드시 터널의 끝에 이르게 된다. 인생을 살다 보면 가끔은 터널이 많은 코스를 만나기도 한다.

겨울이 없었다면 봄은 그리 즐겁지 않을 것이다. 고난을 맛보지 않으면 성공이 반갑지 않을 것이기 때문이다. 미국의 소설가 어니스트 헤밍웨이는 '지금 당신이 무얼 못 가졌는지가 아니라 당신이 가진 것으로 무얼 할 수 있는지를 생각하라.'고 한다. '내 인생 최대의 자랑은 한 번도 실패하지 않았다는 것이 아니라 넘어질 때마다 다시 일어섰다.'는 영국의 작가 골드 스미스의 말을 기억해야 한다.

그렇다. '희망+절망=100$^{(희절백)}$'이라는 공식으로 유명한 송진구 교수는 말한다. 희망이 100이면 절망은 없다. 희망이 70인 사람은 희망지수가 70이다. 어느 쪽에 무게를 두느냐에 따라 인생이 달라진다. 절망이 100되었을 때 사람은 죽는다. 우리 모두는 희망 100을 가지고 시작하자. 나에게는 아들 하나와 딸 하나가 있다. 이들의 닉네임은 아들은 희망이요. 딸은 믿음이다. 희망과 믿음이 있기에 과거도 현재도 미래까지도 절망이란 존재할 수 없다.

나의 삶 역시, 책을 통하여 실패와 성공을 오르내린 수많은 사람들을 만나고 지식과 지혜를 터득하기 전까지는 삶의 선택에 있어 실패의 연속이라 말할 수 있다. 경영 노하우의 결여, 미숙한 인간관계, 쉽게 포기하는 성격, 배우지 않은 게으름 등. 하지만 이제는

180도 달라졌다. 좋아하는 일, 그중에서도 잘할 수 있는 일을 하며 새로운 삶을 살아가고 있는 나를 볼 때 그동안의 옳고 그른 경험, 크고 작은 경험들이 쌓여 지금의 내가 있음을 발견하게 된다.

희망에 가득 찬 사람들은 다음과 같이 4가지 믿음을 가진다. '미래는 현재보다 나을 것이다, 내겐 그렇게 만들 저력이 있다, 목표를 달성하는 방법에는 여러 가지가 있다, 여러 가지 방법 중 장애물이 없는 것은 하나도 없다.' 셰인 J.로페즈가 『희망과 함께 가라』에서 한 말이다. 성공을 원하는가? 그렇다면 희망의 길로 왕래하라. 마음에 희망의 씨를 뿌리고 그 씨앗에 긍정의 물을 주어야 한다.

06

행복은 어디에?

지구에서 가장 행복한 사람은?

노벨물리학상 수상자인 제임스 크로닌은 어느 날 자신에게 물었다.

"지구에서 가장 행복한 사람은 누구일까?"

나는 이렇게 대답했다.

"어제 하다가 남겨둔 일을 계속하기 위해 아침이 빨리 오기를 애타게 기다리는 사람."

그런 일이 나에게는 있는가?

그런 일이 나에게는 어떤 일인가?

행복은 자신의 삶이 소중하고 가치 있음을 깨닫고 만족할 때 비로소 느낄 수 있는 감정이다. 그렇다면 어떻게 살아야 행복할까? 행복한 삶의 조건은 무엇인가? 바람직한 인간관계, 신체적으로 건강한 몸과 정신적으로 건강한 마음, 경제적 안정, 자아실현 및

이타 실천을 꼽을 수 있다.

나는 어떤 모임에서든 여행을 하게 되면 그곳 여행지를 달리는 경험을 하기 위해 나만의 시간표를 만들어간다. 일행들과의 관계와 분위기를 깨뜨리지 않는 선에서 1차는 어디까지고 2차는 어떻게 마무리할 것인가, 빠지는 타이밍을 잡기란 쉬운 일이 아니지만, 조용하고 예쁜 마을을 생각하며 다른 사람보다 설레는 마음 가지고 일찍 잠자리에 든다. 다음 날, 날이 밝기 전 일어나 처음 대하는 마을길을 맑은 공기 마시며 달리는 기분은 말로 다 표현할 수 없이 상쾌하고 행복한 시간이다. 요즈음 두 가지 일을 하느라 밤 12시가 되어야 잠자리에 들지만 조만간 이룰 나만의 목표인 책 쓰는 일을 마무리할 생각에 예정된 알람시간보다 일찍 눈이 떠진다. 할 일이 있는 나, 내가 좋아서 즐겁게 할 수 있는 일이 있는 나는 행복하다.

소크라테스는 말했다. '중요한 것은 그저 사는 게 아니라, 잘 사는 것이다.' 잘 먹고 잘사는 일은 예나 지금이나 중요하다. 행복한 사람은 사랑을 하는 사람과 사랑을 많이 받는 사람이고, 불행한 사람은 반대로 사랑하지 못하는 사람과 사랑도 받지 못한 사람이다. 항상 긍정적으로 사는 사람은 감사할 일이 많아 행복할 것이고, 그렇지 못한 사람은 모든 것이 부정적으로 보일 것이다. 행복과 불행은 종이 한 장 차이도 아니라 생각한다.

그렇다. 행복은 그리 멀리 있지 않다. 작은 일에도 성취감을 느끼고 일상에 감사하고 스스로 만족한다면 그게 바로 행복이다. 인생을 진실로 즐기는 사람은 재미있는 일을 선택하는 사람이 아니라, 아무리 어려운 상황에서도 재미있게 일을 해내는 사람이다. '나는 죽을 때까지 재미있게 살겠다.'라는 다짐을 잃지 않기를 당부하고 싶다. 나부터 일과 사랑과 희망이 있는 삶으로 행복한 사람이 되고 싶다. 그 다음 나만이 가진 행복 바이러스를 나와 한 세대를 살아가는 사람들과 나누고 싶다.

삼여三餘란? '사람은 평생을 살면서 하루는 저녁이 여유로워야 하며, 일 년은 겨울이 여유로워야 하며, 일생은 노년이 여유로워야 하는 세 가지 여유로움이 있어야 한다.' 사람은 누구나 행복하길 원한다. 행복의 기준은 다 다를 수 있다. 그러나 비록 행복의 기준은 달라도 여유로운 마음이 행복의 지름길이라는 것은 누구나 다 안다. 여유를 모르는 사람은 배려하는 마음이 그만큼 적다고 한다. 소중한 하루하루를 넉넉함으로 채울 수 있는 나날이길 바라본다. 아침이 빨리 오는 게 기다려지는 즐거운 일을 한 가지 만들자. 전에 맛보지 못했던 행복한 삶을 위하여!

행복은 꼬리에 있다

강아지가 어미 개에게 물었다.

"엄마, 행복은 어디에 있나요?" 어미가 답했다.

"애야, 행복은 꼬리에 있단다." 강아지는 사력을 다해 꼬리를 물려고 했지만 번번이 실패했다. 강아지는 낑낑 울면서 자신은 행복을 잡을 수 없다고 하소연했다. 어미가 강아지에게 말했다.

"신경 쓰지 말고 계속 앞으로 가! 그러면 행복은 자연히 따라올 테니."[19]

자기주도적인 삶, 자신이 원하는 삶을 사는 것이 행복에 큰 영향을 미친다. 행복은 우리 일상생활에서 셀 수 없이 만날 수 있다. 20대 젊은 시절 해맑은 날 홀로 북한산을 오르는데 산속에서 부는 시원한 자연바람과 텅 빈 가슴의 만남은 축복이었고 행복 그 자체였다. 나는 정상에 올라 눈앞에 말없이 엎드려 있는 능선과 제각기 다른 모습으로 우뚝 솟은 봉우리들을 바라보며 윤향기 가수의 '나는 행복합니다~'를 몇 번이고 불렀다. 지금은 평생 하고 싶은 출판일과 운동을 공개적으로 할 수 있어 기분이 좋다. 추운 겨울, 따뜻한 피트니스장을 달리며 또다시 노래를 부른다. '나는 행복합니다~'

그렇다. 하고 싶은 일을 할 때 내 몸과 마음 전부에 즐거운 엔도르핀이 팍팍 솟아 행복이 깃든다. 모처럼 찾아온 반가운 행복이라 불리는 귀한 손님을 어떻게 하면 떠나보내지 않고 오래 함께 할 수 있을까? 오늘도 겨운 행복을 놓치지 않으려 주어진 일에 지혜를 구하고 열정을 더하고 있다. 행복은 우리의 세상적인 환경이나 성취에 있는 것이 아니다. 우리의 마음, 생각에 더 의존되고 결정된다. 인간의 행복은 그 사람의 마음에 달려 있기 때문이다. 사람마다 행복을 느끼는 대상도, 행복한 정도도 다르지만, 무엇보다 선

---

19) 이성주, 『행복한 버핏 꿈꾸는 샤넬』, 춘명

한 일을 행하고, 내 것을 나누고 베풀며, 남을 도울 때 느끼는 감정이 행복이라는 단어로 표현될 것이다. 행복은 사소한 것에서 예쁜 마음에서 온다는 사실을 발견할 수 있다.

괴테가 말한 행복한 삶의 다섯 가지 원칙은 '첫째, 지난 일에 연연하지 않는다. 둘째, 사람을 미워하지 않는다. 셋째, 작은 일에 화내지 않는다. 넷째, 현재를 즐긴다. 다섯째, 미래를 신에게 맡긴다.'이다.

당신의 행복은 어디에 있는가?

행복으로 가는 길

'행복으로 가는 길은 두 가지 원칙 위에 놓여 있다. 자신이 좋아하고 자신이 잘할 수 있는 것을 찾은 다음에 거기에 혼신을 다 바쳐버리는 것이다. 자신이 가진 에너지나 야망 그리고 타고난 재주를 하나도 남김없이 말이다.' 존 D. 록펠러 3세의 말이다.

자신이 좋아하는 일을 하라. 그렇다면 당신은 일생 동안 단 하루도 일할 필요가 없다는 말도 있다. 사람들은 누구나 하고 싶은 일이 있다. 하지만 하고 싶다고 무조건 할 수는 없다. 돈을 벌기 위해서 꿈을 포기하기도 하고 반대로 꿈을 위해 돈을 포기하기도 한다. 리 아이아코카의 말을 빌리면 좋아하지 않는 일을 한다면 성공하지 못할 것이라고 한다. 즉 무슨 일을 하든 좋아하는 마음을 가져야만 발전이 있고 성공을 할 수 있다는 말이다.

내가 지금 하고 있는 일을 원하지 않았어도 그 안에서 보람을 느끼거나 재미를 느낀다면 분명 기회가 다가올 것이다. 하지만 좋아하는 일을 하고 있으면서도 그것이 언젠가 의무로 바뀌어 버린다면 꿈은 그대로 잊히게 될 것이다. 하고 싶은 일을 한다는 것은 축복과도 같다. 이것은 누구에게나 주어지는 기회가 아니다. 따라서 내가 지금하고 있는 일을 바꿀 수 없다면 그 일을 좋아하려고 하고 또 그 안에서 새로운 기회를 찾기 위해 노력해야 하는 것이다. 지금 하는 일을 평생 할 필요는 없다. 좋아하지 않는다면 어차피 성공하지 못할 것이니 말이다.

워렌 버핏은 성공의 비결을 묻는 질문에 '돈을 많이 벌어 줄 것 같은 일을 하지 말고, 자신이 좋아하는 일을 해야 한다. 나는 운 좋게도 좋아하는 일을 일찍 발견할 수 있었다.'고 말했다. 보통 일이 잘 안 되거나 잘 안 풀리는 사람들은 나 같은 원석을 몰라보다니 하면서 자신을 몰라주는 세상을 원망하기도 한다. 이 세상에 원석이 아닌 사람은 없다. 능력이나 실력도 주변에서 인정을 해주어야 능력인 것이지, 자기 혼자 잘 한다고 생각하는 것은 능력이 아니다. 누구나 자기 안에 특별한 능력이 분명히 있는데 자꾸 다른 것을 하려고 하니까 삶이 바쁘고 힘들고 지치는 것이다. 안 되는 곳을 파면 100년을 파도 물은 절대 나오지 않는다. 그러나 되는 곳을 파면 금방 물은 쏟아져 나온다.

그렇다. 그동안 읽은 책 속 인물들이 나에게 몇 번이고 강조한 실천 메시지이자 성공키워드는 좋아하는 일을 하라는 것이다. 그 다음 어떤 상황에서도 '너 아닌 나부터, 큰 것 아닌 작은 것부터, 나중 아닌 지금부터' 꿈을 이룰 때까지 집중하여 행하라는 외침이다. 그들이 하였기에 나도 할 수 있고, 당신도 충분히 해내리라 의심치 않는다.

행복은 외모에 있지 않다

1828년 러시아에서 한 아이가 태어났다. 그런데 아이의 외모는 부모조차도 실망할 정도로 못생겼다. 넓적한 코, 두꺼운 입술, 작은 회색 눈, 큰 손과 발 때문에 아이는 자라면서 늘 비관했다. 나는 못생겨서 행복하지 못할 거야. 만약 하나님께서 나를 아름답게만 해주신다면 내가 지금 가진 모든 것, 미래에 가질 것도 모두 바치겠다. 소년의 간절한 기도하고는 달리 외모는 달라지지 않았다. 하지만 시간이 지나 행복은 외모에 있지 않고, 참 아름다움이란 마음에 있다는 것을 깨닫게 되었다. 소년은 깨달음을 얻고 열심히 글을 쓰며 앞날을 개척해 나아갔다. 그러고는 『전쟁과 평화』, 『부활』 같은 작품을 집필하게 되었다. 그는 바로 세계적으로 유명한 작가 톨스토이이다.

그렇다. 행복은 당신이 원하는 외모나 당신이 찾고 있는 미래에 있지 않다. 내 마음속에 아주 사소한 기쁨 하나가 행복이 될 수 있다. 누군가에게는 살아있다는 것이 행복이 될 수 있다. 그리고 누군가에게는 부족함을 아는 것이 행복일 수 있다. 자신이 가지고 있는 것들 중 가장 소중한 것에 의미를 부여해보라. 모르고 지나치는 자신의 작은 모습이 누군가의 행복이 될 수 있다.

행복이란 무엇인가? 행복은 바로 이 세상을 살아가는 자신의 마음 상태이다. 행복이 마음 상태에 따라서 느끼는 것이기에 행복을 여는 열쇠는 결국 자신의 마음속에 있다. 행복과 불행을 만드는 것은 이 세상의 다른 어떤 것도 아니라 바로 당신이다. 오늘 당신이 행복해지기 위하여 행복의 길을 선택하고, 당신의 열정과 창의, 그리고 용기를 다하여 행복의 길을 걷기 시작해야 한다. 지금부터라도 행복해져야 한다. 그것이 당신이 사는 진정한 이유이다. 외모지상주의, 물질만능주의 등 세상이 만든 굴레에 갇혀 진정한 아름다움을 보지 못하는 눈뜬 시각장애자가 되어서는 안 된다.

『채근담』에 '행복에는 여러 가지 형태가 있다. 돈 많은 것도 행복의 하나요, 지위와 명예를 갖는 것도 행복의 한 가지인 것은 확실하다. 그러나 번잡한 일이 없고, 아무 사고 없이 평온한 마음으로 지내는 것이 가장 큰 행복이다. 또 불행에도 여러 가지 형태가 있는데, 사람에 따라 그 형태가 천차만별이다. 그 중 가장 불행한 것은 마음이 사방으로 흩어져서 스스로 마음의 갈피를 잡지 못하는 것이다. 마음을 조용히 여미고 있는 사람이 가장 행복한 사람이다.'라고 하였다.

당신은 행복한가요? 어떨 때 가장 행복한가요?

제2장

나부터

★

눈 덮인 들판을 밟으며 지날 때면,
발걸음을 모쪼록 어지러이 내딛지 마라.
오늘 내가 남긴 발자국은
마침내 뒷사람의 길이 되리니.

-서산 대사-

목표를 세워라

길을 잃지 않으려면?

눈이 많이 내린 어느 날 새벽, 할아버지와 손자가 산책을 나섰다. 두 사람은 운동장에서 내기를 했다. 운동장을 가로질렀을 때 발자국이 똑바로 난 사람이 이기는 것이었다. 손자는 조심스럽게 한 걸음씩 내디뎠고, 할아버지는 그의 옆에서 성큼성큼 걷기 시작했다. 목적지에 다다랐을 때 두 사람은 지나온 길을 되돌아보았다. 손자가 걸어온 발자국은 비뚤비뚤 굽어 있었고, 할아버지가 걸어온 발자국은 곧게 나 있었다. 손자가 그 이유를 묻자 할아버지가 말했다.

"너는 네 앞만 보고 걸었지? 할아버지는 운동장 건너편에 있는 큰 나무를 보면서 걸었단다."

'목표 설정은 우리의 꿈을 단순하게 기록하는 것이며, 우리의 생각을 투명하게 하여 달성 기간을 정한 계획을 만드는 것이다.' 노숙자에서 성공자이자 기부자인 폴 마이어의 말이다. 목표는 방향이다. 100m 달리기 선수들은 한결같이 결승선을 바라본다. 궁사가 집중하여 바라보는 곳은 과녁이다. 인생에도 과녁이 있어야 한다.

목표가 없다면 방향을 잡을 수 없기 때문에 시작조차 할 수 없다. 바로 앞에 보이는 땅만 보아서도 안 되고, 까마득히 먼 하늘만 보아서도 안 된다. 목표가 있다고 해서 모든 목표가 다 이루어지는 것은 아니다. 바람이 불어 시야가 흐리다면 더욱더 명중시키기란 쉽지 않다.

그렇다. 일 잘하는 첫 번째가 목표를 분명히 하는 것이다. 목표를 분명히 할 때 실행 가능한 기획이 만들어지고, 이루고자 하는 열정이 생겨나고, 실행하는 데 집중력이 발휘되어 효율이 늘어나 중간에 샛길로 빠지는 것을 막을 수 있다. 아직도 목표가 뚜렷하지 않나요? 자신의 목표와 계획을 노트에 완성해 보자.

당신이 이루고 싶은 것은 무엇인가?
목표를 이루기 위해 그만두거나 줄여야 하는 것은 무엇과 무엇인가?

나는 매년 3월, 5월 ,7월, 10월,11월 다섯 번의 메이저 마라톤대회에 참가한다. 하지만 대회 참가를 위해 훈련은 1년 내내 한다. 또한 매일 독서를 쉬지 않는다. 이유는 건강과 완주라는 목표가 있고, 이슈인물시리즈 발행이라는 목표가 있기 때문이다. 분명한 목표는 삶의 방향을 정하고, 열정을 만든다. 목표는 열정 과정을 단순하게 하고, 자신감을 갖게 한다. 목표는 측정할 수 있는 시스템을 만든다. 목표는 책임질 수 있도록 돕는다. 목표는 관심을 드러낸다. 목표는 욕구를 증가시키고 끈기를 갖게 한다. 도저히 가능할 것 같지 않은 일에 값진 보석이 숨어 있다. 그것을 찾아내려면 특별한 안목과 비전이 필요하다. 그 보석을 자기 것으로 삼아 혼자서만 가지면 보통의 물건이 되어버리지만 좋은 목적을 위해 쓰이면 위대한 물건, 위대한 목표가 된다.

목표를 이루기 위해 내가 할 일은?
목표를 이룬 다음은 무엇을 할 것인가?

오늘 할 일을 내일로 미루지 말라

30대 후반 박사학위를 마친 후 미국에서 귀국할 때 '앞으로 무슨 일이 있더라도 하루에 원고지 10매를 쓰겠다.'는 결심을 했다. 오늘 일을 내일로 미루지 말자는 각오를 지키기 위해 만약 내일 원고를 쓰지 못할 일이 생길 것 같으면 오늘 미리 20매를 쓰곤 했다. 40년 넘게 지속한 그 습관이 180권의 책을 저술한 원동력이 되었다. 앞으로 20권을 더해 200권의 책을 쓰는 것이 내 목표이다. 아폴로 박사로 유명한 천문학자 조경철 박사의 다짐이다. 어떤 일을 내일 하겠다고 남겨놓은 사람은 그 일을 영원히 끝낼 수 없다.

그렇다. 나는 하루 한 권의 책을 읽겠다는 다짐을 하고 나서는 새벽 3시에 기상하였으며, 하루 일과가 진행되는 시간을 제외한 출퇴근하는 전철 안에서도 밥 먹는 동안에도 잠자리에 들기 전까지 책을 손에서 놓지 않았다. 이는 오늘 일을 내일로 미루지 않으려는 자신과의 약속 때문이다.

미국 건국의 아버지라고 일컬으며 현재 미국에서 통용되고 있는 100달러의 주인공이 된 벤저민 프랭클린은 '오늘 할 수 있는 일을 내일로 미루지 말라.'는 명언을 남겼다. 그가 다양한 분야에 도전해 성공할 수 있었던 것은 철저한 시간관리 때문이다. 그에게는 시간이 곧 돈이고 목숨 줄이었다. 시간을 헛되이 보내는 사람은 언제나 그에게 일장 연설을 들어야만 했다. 그는 자신의 저서에서 이런 글을 남겼다.

'당신은 인생을 사랑하십니까? 그렇다면 시간을 낭비하지 마십시오. 인생이라는 것은 오직 시간으로 이루어져 있습니다. 세월이 흐른 뒤 보면 어떤 사람은 뛰어나고 어떤 사람은 낙오자가 되어 있습니다. 이 두 사람의 거리는 좀처럼 좁힐 수 없습니다. 이것은 하루하루 주어진 시간을 잘 이용했느냐 이용하지 않고 허송세월을 보냈느냐에 달려 있습니다.'

84세의 나이에 죽은 그는 자신의 묘비에 '인쇄인 프랭클린'이라고 짤막하게 쓰도록 했다. 평소 소박하고 진솔하게 살았던 그의 진면목을 엿볼 수 있는 대목이다. 그가 세상을 떠난 후 발간한 『프랭클린 자서전』은 미국 산문문학의 정수로 꼽히며, 그가 남긴 말들은 많은 미국인에게 삶의 좌표가 되고 있다. 우리 삶엔 1분 1초라도 낭비하지 않는 철저한 시간 관리와 성실함이라는 무기가 있어야 한다. 시간이 돈보다 더 중요하다고 생각하는 사람이 꿈을 이룬다.

김수환 추기경은 '오늘을 삶의 마지막 순간이라고 생각하세요. 그러면 항상 최선을 다하는 삶을 살 수 있습니다.'라고 말했다. 은지성 작가는 『오늘은 당신의 남은 인생의 첫날이다』에서 '하루의 힘은 어찌 보면 별 것 아닌 듯이 느껴질 때가 많습니다. 내가 노력한 순간순간이 모여 나의 현재가 되고 미래가 된다는 것을 아는 사람만이 제대로 자신의 인생을 누리게 됩니다.'라고 했다.

5년 후의 꿈을 위해 지금 할 일

"스승님, 꿈을 이루려면 어떻게 해야 하나요?" 제자의 질문에 스승이 되물었다.

"네 꿈이 뭐지?" 제자가 답했다.

"5년 후 음반을 내는 겁니다."

"그래?" 잠시 뜸을 들인 스승이 말을 이었다.

"좋아, 이제 이 목표에서 거꾸로 거슬러 가며 생각해보자. 만약 5년 후에 음반을 낸다면, 4년 후에는 음반 회사와 계약을 체결해야겠지. 그러려면 3년 후에는 음반 회사에 들려줄 완성된 노래가 있어야 될 거야. 그렇지? 그렇다면 2년 후에는 노래를 녹음해야 할 것이고, 1년 후에는 녹음한 노래를 편집한 뒤 연습하고 있어야 해. 6개월 후에는 만들어진 노래를 하나씩 보완해야 되겠지. 1개월 후에는 노래 몇 곡을 완성시켜야 해. 물론 1주일 후에는 곡을 구상해야 할 것이고. 자, 그럼 지금 네가 해야 할 일이 무엇인지 잘 알겠지?"

간절히 원하는 것만으로는 결코 꿈을 이룰 수 없다. 후회가 과거를 바꾸지 못하고, 걱정이 미래를 바꾸지 못하며 오직 행동만이 현재를 변화시킨다. '시간의 걸음걸이에는 세 가지가 있다. 미래는 주저하면서 다가오고 현재는 화살처럼 날아가고 과거는 영원히 정지하고 있다.' 독일의 시인 F. 실러의 말처럼, 정작 우리가 과거의 일 때문에 후회하느라 보내는 시간은 다시 되돌릴 수 없는 현재의 시간이다. 고로 중요한 것은 미래도 과거도 아닌 바로 지금 이 순간이다.

영국의 스티브 잡스로 불리는 버진그룹 회장 리처드 브랜슨은 '해보지 않았기 때문에 할 수 없다.'는 말을 하지 않는 사람으로 알려져 있다. 그는 이렇게 말한다. '비행기를 조종하고 싶으면 열여섯 살 때부터 비행장에 가서 커피부터 끓이세요. 항상 눈을 크게 뜨고, 보고 배워야 합니다. 패션 디자이너가 되기 위해 굳이 디자인 학원에 다닐 필요는 없습니다. 패션 회사에 들어가 빗자루부터 잡으세요.'

시도하지 않고 되는 일은 없다. 완벽하게 준비해서 시작하려다가는 영원히 시작하지 못한다. 꼭 해 보고 싶은 일이 있다면 지금 당장, 그 분야의 책을 읽고, 그 분야 전문가의 말을 경청하고, 그 분야의 일터에 나가 일과 관련된 모든 것들에 대하여 보고 듣고 배워야 한다.

한 경영컨설턴트가 유명기업을 방문해 직원들을 대상으로 교육을 하던 중, 다음과 같은 질문을 던졌다.

"여러분에게 새로운 목표가 정해졌다고 합시다. 내일 시작하는 사람과 일주일 뒤에 시작하는 사람 중 어떤 사람이 더 성공 가능성이 높을까요?" 예상한 대로 모두가 전자라고 대답했다. 그때 한 사람이 불쑥 일어나서 큰 목소리로 말했다.

"왜 내일 시작합니까? 저 같으면 지금 바로 시작하겠습니다." 모두의 이목을 집중시킨 사람은 다름 아닌 그 기업의 CEO였다.

스무 살 어린 나이에 마이크로소프트사를 설립할 만큼 매우 실천적이었던 빌 게이츠. 그는 여러 강연에서 다음과 같이 강조했다고 합니다. '실행하면서 자신의 꿈을 실현하라. 머뭇거리지 말고 목표를 향해 달려가라.' 그때 했더라면 좋았을 텐데, 왜 그때 하지 못했을까? 후회할 것이 아니라 지금부터 실천하면 된다. 희망 가지고 확신 가지고, 용기 가지고 지금부터 시작이다. 내일이 아니고 지금부터 말이다. '새는 알에서 깨어나려 한다. 알은 곧 세계다. 새로 탄생하기를 원한다면 한 세계를 파괴하지 않으면 안 된다.'[1]

그렇다. 알 속에서 깨어낼 자는 나 자신일 뿐이다. 새로운 사업

---

1) 헤르만 헤세, 『데미안』, 더스토리

을 위해, 건강을 위해, 자녀교육을 위해, 내 집 마련을 위해, 은퇴 이후를 위해 목표를 세웠으면 지금 당장 실천하라. 우리는 미루는 버릇 때문에 평생 후회할 일들을 만들어 놓고 고민 속에 살고 있다. 미루어 왔던 만남과 약속들을 지금부터 지키며 살았으면 한다. 사람의 관계는 내일이 없다. 오늘이 마지막일지도 모른다. 어떤 일을 내일 하겠다고 남겨놓은 사람은 그 일을 영원히 끝낼 수 없다.

어느 상점에 불이 나 모든 것이 다 타 버렸을 때 사람들이 주인에게 위로를 했다. 그러자 주인은 가만히 입을 열었다.

'물론 상점은 이미 다 타 버렸습니다. 하지만 내겐 더 열심히 할 수 있었는데… 라는 아쉬움이 아직 남아 있습니다. 그러므로 내일 다시 가게 문을 열겠습니다. 물건은 다 타 버렸지만 내 희망은 아직 타지 않았으니까요.'

작지만 희망이라는 씨앗이 있는 한 눈이 부시게 푸르른 날을 그냥 한숨만 쉬며 보낼 수 없다. 오늘의 꿈이 5년 후, 10년 후 현실로 바뀌는 모습을 상상만 하여도 힘이 솟는다. '좋은 일은 급하게 하고 나쁜 일은 뒤로 미루라.'는 말을 가슴에 새겨본다.

'나중에, 다음에, 내일부터'가 아닌 '오늘부터! 지금부터'이다.

노력 없는 성공 없다

노력은 천재를 만든다

카네기홀의 보존을 위해 활약한 위대한 바이올리니스트 아이작 스턴이 질문을 받았다.

"천재는 태어납니까?"

질문은 아이작 스턴의 뛰어난 연주를 언급한 것이었다. 그는 그렇다고 대답했다.

"천재는 태어납니다. 하지만 음악가는 만들어집니다."

19세기 스페인의 위대한 바이올리니스트 사라사테는 자신을 천재라고 칭한 어느 유명한 비평가에게 이렇게 말했다.

"천재? 37년 동안 하루도 빠짐없이 14시간씩 연습했는데, 그들은 나를 천재라고 부른다."

재능이란? 어떤 일을 하는 데 필요한 재주와 능력을 말한다. 두더지는 땅을 잘 파고 딱따구리는 나무를 잘 판다. 두더지가 나무를 잘 파지 못해도 허물이 되지 않으며 딱따구리가 땅을 잘 파지 못해도 허물이 되지 않는다. 재능이란 자기다움을 찾는 것이자, 자신의 비전을 찾는 것이다.

우리는 저마다 자신이 좋아하는 것, 자신이 잘하는 것을 찾아야 한다. 나의 특별한 선천적인 재능은 무엇인가? 막심 고리키는 '재능이란 자기 자신을 믿는 것이고, 자기의 힘을 믿는 것이다.'고 하였다. 하지만 아무리 재능이 뛰어나다 하더라도 결국 노력하는 사람을 이길 수 없을 것이다. 결국 노력은 재능을 만드는 것이다. 노력하는 사람을 지켜보는 일은 정말 즐거운 일이다.

그렇다. 가끔은 수십 년간 한 분야에 종사하여 열정과 노력으로 달인의 경지에 이르는 사람들을 보게 된다. 생활의 달인이라 불리는 그들을 볼 때, 재능은 타고난 것이 아니라 노력으로 이루어진다는 말을 더 신뢰하게 된다. 달인이 되기 위해서는 최선을 다해야 한다. 다른 사람 신경 쓰는 시간에 자기 일에 충실할 때 달인이 될 수 있다. 달인의 공통점은 자기 일에 만족해한다. 불평을 안 한다. 감사한다. 한눈팔지 않는다. 가족들도 달인을 자랑스럽게 생각한다. 같이 일하는 사람들도 달인을 존경한다. 일을 잘하니 회사 사장님도 좋아한다. 다른 사람의 일을 덜어주기도 한다. 한 사람으로 인해 모두가 자부심을 가지고 함께 그 일을 열심히 한다. 한 사람의 달인은 주위에 엄청난 영향력을 끼친다. 게을러서는 절대 달인이 될 수 없다.

　마이너리그 선수들을 관찰할 때 가장 중점적으로 보는 부분이 선수의 인성이라고 한다. 그 선수의 인성, 노력하는 성실함이 결국에는 성공으로 이어지기 때문이다. 단언하건대 노력은 인간에게 주어진 가장 공평한 기회이자 성공의 밑거름이다. 『성공하는 사람들의 7가지 습관』의 저자 스티브 코비는 말한다. '노력한다고 해서 다 성공하는 것은 아니지만, 성공한 사람들의 공통점은 모두 다 노력을 하였다.'고. 재능이 많을지라도, 천재성을 타고났을지라도 노력하지 않는다면 바람에 나는 겨와 다를 바 없다.

　수필가 존 포스터는 '천재는 인간의 마음속에 내재되어 있는 열정에 불을 붙이는 힘이라고 했다.' 예로부터 위인들은 자신의 천재성 같은 것을 믿지 않았다. 그들에게 유일한 공통점은 집중력과 근면, 인내심이 강하다는 것이었다. 그러므로 항상 분발하려고 노력하는 마음이 천재를 만드는 힘이라고 할 수 있다.
　자신의 재능을 찾아 끈질기게 노력하는 것, 이것이 바로 성공의 비결이다. 굳이 성공을 바라지 않더라도 노력하며 사는 사람에게는 재미, 즐거움, 기쁨, 보람을 동시에 가져다 줄 것이다.

연습하고 또 연습하라

손자: 할아버지, 성공의 비밀을 가르쳐 주세요.
할아버지: 그래, 가르쳐 주마. 내 물음에 답해 보거라.

손자: 예.

할아버지: 한 남자가 병원에 가서 "선생님, 이렇게 하면 통증이 옵니다." 하고 말했단다. 그 말을 들은 의사가 뭐라고 대답했을 거 같으냐?

손자: 그럼, 그렇게 하지 마세요.

할아버지: 그래, 바로 그거란다! 자, 그럼 다음 비밀에 대해 얘기해 보자꾸나. 오하이오 출신의 한 여자가 맨해튼 시내를 거닐고 있었지. 길을 잘 몰라 헤매고 있었는데, 바이올린 가방을 들고 가는 남자를 보았지. 그 여자는 곧장 남자에게 다가가 말을 걸었어. '실례지만, 어떻게 하면 카네기홀에 갈 수가 있나요?' 남자는 뭐라고 했을까?

손자: 연습하고, 연습하고 또 연습하는 겁니다.

할아버지: 그래, 바로 그거야!

고통스럽게 하는 일은 멈추고 좋아하는 일을 하라. 그리고 가장 중요한 건……. 연습하고, 연습하고 또 연습하라. 이것이 바로 성공의 비밀이지. 하기 싫은 일을 계속하는 것은 지루하고 고통스럽다. 연습하되 집중하고, 노력하되 지속적으로 한 결과는 실패를 두려워하거나 실망하지 않고 성공에 한발 가까워졌다는 긍정으로 살았던 사람들이다.

서독의 본에 있는 베토벤의 생가에는 낡은 피아노가 한 대 놓여 있는데, 그 건반의 거의 전부가 움푹움푹 패여 있다고 한다. 그

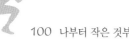

것은 베토벤이 밤낮을 가리지 않고 피아노 연습을 했기 때문이라고 한다. 관광객들은 지금도 그 피아노를 보면서 깊은 감동을 받는다. 이는 한 사람의 천재적인 음악가가 만들어진 것은 결코 타고난 재능에서 자연 발생적으로 된 것이 아니라 보통 사람이 따라올 수 없는 노력과 숨은 고통이 있었음을 말해 주는 것이다.

그렇다. 바람이 불지 않으면 노를 저어야 한다. 바람이 불 때에는 가만히 있어도 배가 앞으로 나아가지만 바람이 불지 않을 땐 노를 젓지 않으면 배는 앞으로 나아가지 않는다. 땀 흘려 노력한 사람만이 행복이란 항구에 닻을 내릴 수 있다.

너도 그렇게 해라

다른 사람들이 볼 때 나 같은 전문가는 그림을 늘 잘 그리리라고 생각한다. 그러나 나는 나의 비밀을 알고 있다. 무엇이 미숙하고 어디가 부끄러운가를. 그걸 보완할 길은 연습뿐이다. 그래서 항상 스케치를 한다. 그런데도 그림은 늘지 않는다. 하루는 하도 답답하여 기도를 했다.

"하느님! 나는 이렇게 매일 연습을 하는데도 왜 그림이 늘지 않습니까?" 그랬더니 즉각 답이 왔다.

"네 제자들이 너한테 그렇게 물으면 너는 어떻게 대답하느냐?"

"계속하라고 합니다."

"너도 그렇게 해라."[2]

----

2) 박재동, 『박재동의 손바닥 아트』, 한겨레출판

그렇다. '연습하라, 연습하라 그리고 또 연습하라. 천재는 99% 의 연습에서 나온다. 연습하라, 또 연습하라 그리고 아무도 흉내 낼 수 없는 자신만의 독창적인 세계를 창조하라.' 바이올리스트 이 작 펄만의 말이다. 그렇다. 아무리 재능이 훌륭하다 할지라도 훈 련하지 않으면 안 된다. 아무리 쉬운 일이라도 움직여서 손대지 않 으면 제게 이익이 돌아오지 않는다. 우리가 어떤 일을 꾸준히 노력 하면 그 일이 쉬워지는데 그것은 그 일 자체가 변화된 것이 아니라 그 일을 행하는 우리의 능력이 커지기 때문이다. 어떻게 보면 타고 난 팔자와 관계없이 누구나 노력하기에 따라서 자신의 운명을 바 꿀 수 있는 것이다.

누구든지 할 수 있는 일에는 다음과 같은 것들이 있다. 나는 할 수 있다는 자신감을 갖는 것, 자신의 일을 사랑하는 것, 도전을 두 려워하지 않는 것, 최선을 다하는 것, 꿈을 가지고 끝까지 노력하 는 것, 긍정적인 생각을 하는 것, 실패해도 다시 도전하는 것, 언 제나 처음 시작하는 마음을 갖는 것, 책을 읽는 것, 항상 꿈을 갖는 것, 메모하는 습관을 갖는 것, 꾸준히 계속하는 것, 적절한 칭찬과 격려를 하는 것, 감사하며 사는 것, 약속을 지키는 것, 신뢰를 얻 는 것, 항상 성실하는 것, 긍정적인 마음과 적극적인 행동을 하는 것, 남을 배려하는 것 등.

한 가지 뜻을 마음에 품고 계속 실천하면 달라진다. 행하는 사람 도 세상도 달라진다. 좋은 것을 심으면 좋은 것이 나고 나쁜 것을 심으면 나쁜 것이 나게 되어 있는 것이 자연의 순리다. 노력을 통해 자신을 극복한 사례는 무수히 많다. 누구와 비교할 것도 없다. 정상頂上은 '정체기'라는 몇 개의 능선을 지나야 비로소 보이는 법이다. '세상 누구와도 자신을 비교하지 말라. 다른 사람과 자기를 비교하는 것은 스스로를 모욕하는 것이다. 빌 게이츠의 말이다.

'성공으로 가는 엘리베이터는 작동하지 않는다. 그러나 계단은 항상 열려 있다.'는 말처럼 성공한 사람들은 철저한 행동지향적이다. '아는 것이 힘이다.'라는 말보다 '아는 것을 행동하는 것이 힘이다.'란 말로 바꾸어 나누고 싶다. 조금이라도 더 일찍 일을 시작하고 조금이라도 더 늦게까지 일에 매달린다. 그들은 항상 움직이고 있다.

우리가 계획한 일을 이루기 위해서는 어떻게 할 것인가?

노력 없는 성공 없다

지구의 맨 서쪽 끝에 코카서스라는 산이 있었다. 그 산은 얼마나 높은지 산봉우리가 항상 구름에 가려 있었다. 그래서 어느 누구하나 그 산의 정상까지 올라가보겠다는 생각을 하지 못했다. 어느 날, 용맹스러운 독수리 한 마리가 정상에 오를 것을 결심하고 산을 오르기 시작했다. 그러나 번번이 날개를 늘어뜨리고 땅 위로 내려오곤 했다. 그러나 독수리는 끝까지 포기하지 않고 끈질기게 도전하여 마침내 산의 정상에 다다랐다. 정상엔 신기하게도 고목 한 그루가 우뚝 서 있었다. 독수리는 날개를 활짝 펼치고 그 고목의 나뭇가지 위로 고요히 날아가 앉았다. 천신만고 끝에 정상에 올랐다는 성취감에 가슴이 저절로 벅차올랐다. 그때였다. 어디선가 독수리를 보고 낄낄거리는 웃음소리가 들려왔다. 독수리는 얼른 뒤를 돌아보았다. 작은 거미 한 마리가 나뭇가지에 붙어 계속 낄낄거리고 있었다.

"아니, 이 높은 산에 저 거미가 어떻게 올라왔을까?"

독수리는 궁금해서 거미에게 물었다.

"거미야, 넌 이 높은 데를 어떻게 올라왔니?"

"응, 넌 죽을 고생을 하며 올라왔지만, 난 네 날개 아래 붙어서 힘 안 들이고 편안히 올라왔지."

거미가 교활한 목소리를 냈다. 독수리는 어처구니가 없어 멍하니 거미를 내려다보았다. 그때였다. 갑자기 강한 바람이 세차게 불어왔다. 독수리를 보고 계속 낄낄거리며 웃음을 그치지 않던 거미는 그만 천 길 낭떠러지 아래로 내동댕이쳐지고 말았다.[3]

그렇다. 스스로의 열정과 땀으로 이룬 것들이 이루고자 하는 일에 초석이 되어 든든히 설 수 있다. 남의 힘에 의한 것은 오래가지 못하나니 항상 경계하고 조심해야 한다. 작은 성과이지만 6년 동안 2,000여 권의 책을 독서한 것, 15년 동안 꾸준히 달려 지금의 기록이 10년 전과 거의 같은 기록을 유지하고 있는 것은 책과 운동을 지극히 좋아한 결과이다. 어떤 이는 '노력 없는 성공은 없다.'란 주제의 글에서 노력은 밖의 기준인 '남보다'가 아니라 안의 기준인

---

3) 끄르일로프, 『끄르일로프 우화집』, 문학과지성사

나의 '전보다' 잘하려는 노력이어야 한다고 말하고 있다.

도끼를 갈아 바늘을 만든다는 마부작침磨斧作針이라는 말이 있다. '아무리 힘들고 불가능해 보이는 일도 꾸준히 노력하면 이룰 수 있다.'는 뜻으로 이백李白이 시인이 된 사연을 말해주고 있다. 이백이 어린 시절 집을 떠나 공부를 하다가 집에 돌아가려고 산을 내려가던 중 냇가에서 도끼를 바위에 갈아 바늘을 만든다는 노파를 만나 아무리 힘든 일이라도 중간에 포기하지 않고 끈질기게 노력하면 불가능한 일이 없다는 것을 깨닫고 학문에 정진하게 됐다고 한다.

천재는 타고나는 것이 아니라 될 때까지 조금씩 성장하는 사람이라고 한다. 재능才能은 허상虛像이라는 것을 깨닫고 나를 훈련하고 단련하는 반복을 통하여 성공에 다가가는 것을 깨달아야 한다. 어린이도, 청소년도, 어른 역시 꿈이 있어야 한다. 그러나 노력 없는 꿈은 다만 꿈일 뿐이다.

No pain, No gain. 고통이 없으면, 얻는 것이 없다.
No risk, No return. 위험이 없으면, 수익도 없다.
There is no free lunch. 세상에 공짜 점심은 없다.

실천이 답이다

나부터 행동하라

이 책의 핵심이자 가장 먼저 강조되고 반복되는 단어가 나부터이다. 자신의 꿈을 이루고 변화를 꾀함도 나부터 행함이고, 조직을 이끄는 지도자로서 자격의 첫째 조건이 앞장서 모범을 보이는 것이 아닐까? 사랑하는 사람에게 힘이 되어주고, 따뜻한 사람이 되어주고, 기쁨과 행복을 전해주고 싶다면 내가 먼저 그런 사람이 되어야 한다.

비행기에 탑승하면 승무원이 안전과 관련된 안내방송을 시범과 함께 한다. 이때 안전벨트 착용법, 비상시 탈출 요령, 산소마스크 사용법을 설명한다. 그런데 한 가지 의아한 사실은 산소마스크를 보호자가 먼저 착용한 다음 동행하는 아이들이나 도움이 필요한 사람들에게 씌우라는 설명이다. 우리 사회는 위험에 처했을 때 약자를 배려하라고 가르친다. 그런데 역으로 말한 이유는 자기 자신이 산소부족으로 숨을 쉬지 못하면 아무도 도와줄 수 없기 때문이다.

그렇다. '나' 먼저 영적, 정신적, 육체적으로 건강하지 못하면 다른 사람을 도울 수 없다. '행복이라고 하는 건 내가 먼저 노력을 해야 해요. 저 사람이 나에게 바라는 것을 내가 먼저 앞질러서 하면 훨씬 좋은 일이 아닐까요. 행복은 그런 데서 오는 것 같아요.' 이해인 수녀의 말이다.

특히 인간관계에 있어서 내가 먼저 움직이고 행동한다고 하는 것은 대부분의 문제를 해결할 수 있는 기적의 출발점이 된다. 서로 서먹서먹할 때나 사이가 나빠졌을 때나 오해하고 있을 때나 주변의 상황에 의하여 두 사람의 간격이 벌어지고 악화되었을 때, 행동하지 않고 가만히 있는 태도는 문제를 더 복잡하게 하고 나쁜 감정을 일으킬 뿐이다. 너와 나의 관계에서 상대방이 움직이기 전에 내가 먼저 움직이고 행동하는 것, 그것만이 인간관계의 간격을 좁힐 수 있는 유일한 길이다.

존 로크는 '사람의 행동은 그 사람의 생각에 대한 가장 좋은 설명이다.'라고 하였다. 우리들의 원만한 인간관계를 위해서는 생각보다는 말하는 것이 좋고 말하는 것보다는 행동하고 움직이는 것이 더 좋다. 입에서 나오는 말도 중요하지만 가슴에서 나오는 행동은 더 중요하다.

고대 그리스 3대 비극시인의 한 사람인 소포클레스는 '하늘은 행동하지 않는 자를 결코 돕지 않는다.'고 하였다. 달에 도착한 인류의 큰 발걸음도 시작을 위한 작은 발걸음에서 시작했을 것이다. 한 발을 내딛지 않는다면 목표 지점까지 갈 수 있는 방법은 없다. 언제 어디서나 누구에게나 말보다 먼저 행동을 하라. 말보다 행동이 더 힘 있고 설득력이 있다. 그러기에 착한 말은 착한 행동보다 약하다고 하였다.

다음은 잘 알려진 서산대사의 『답설야踏雪野』라는 시이다.

눈 덮인 들판을 밟으며 지날 때면,
발걸음을 모쪼록 어지러이 내딛지 마라.
오늘 내가 남긴 발자국은
마침내 뒷사람의 길이 되리니.

이 시는 독립운동가 백범白凡 김구 선생이 인생의 좌우명으로 삼고 항상 외우고 다녔으며 휘호로도 사용하였다는 일화가 있다. 요즘 인터넷에 떠 있는 발레리나 강수진의 발과 축구선수 박지성의 발을 보면서, 나는 '지난 날 어떤 발자국을 남겼는가?'를 회상하고 '앞으로 어떤 발자국을 남기고 싶은가?'를 생각하게 된다. 나를 뒤따르는 이에게 나의 발자국이 훌륭한 이정표가 되기를 바라며 한 발 한 발 더 신중하게 내딛어야겠다. 당신의 발자취를 따르고 싶다고 말하는 사람들이 많았으면 좋겠다. 행동은 전염성이 있다.

평범함과 비범함을 가르는 차이는 한 끗 차이라는 생각을 하게 된다. 한 점, 작은 각도가 시간이 지나면서 방향을 만들어낸다. 요즈음 기업의 CEO들은 아무리 뛰어난 역량을 지닌 직원이라도 태도와 성실성이 부족하면 가차 없이 잘라낸다. 태도가 경쟁력이란 말이 있다. '태도가 곧 성취다. 당신이 어떤 마음을 가졌느냐에 따라 할 수 없던 일도 할 수 있게 된다.'[4] 성공하고 싶다면, 부자가 되고 싶다면, 얻고자 하는 것이 있으면 행동하라고 한다. 알고만 있으면 아무런 변화가 오지 않는다. 알았으면 행동하라! 목표가 정해졌으면 '나부터~ 작은 것부터~ 지금부터~ 행동하라!' 이것이 이 책의 가장 큰 뿌리요, 줄기요, 열매요, 핵심이다.

세상을 변화시키고 싶은가?

'젊었을 때 나는 세상을 변화시키고 싶었다. 그러나 세상을 변화시키는 것이 어렵다는 것을 깨달았고, 그래서 나는 국가를 변화시키려고 했다. 국가를 변화시킬 수 없다는 것을 알게 되었을 때 나는 내가 살고 있는 도시에 초점을 맞추기 시작했다. 도시도 변화시킬 수 없게 되자 다 늙어버린 나는 내 가족을 변화시키려고 했다. 이제 나는 늙은이가 되어 유일하게 변화시킬 수 있는 것은 내 자신뿐임을 깨달았고, 오래 전에 내가 변했더라면 내 가족에게 영향을 미칠 수 있었다는 것을 알았다. 내 가족과 나는 내가 사는 도시에 영향을 끼칠 수 있었을 것이다. 그리고 아마도 이 영향은 국가를

---

4) 스튜어트 에이버리 골드, 「핑! 열망하고, 움켜잡고, 유영하라」, 웅진윙스

변화시킬 수 있었을 것이고, 나는 참으로 세상을 변화시킬 수 있었을 것이다.'[5]

'모두가 세상을 변화시키려고 생각하지만, 정작 스스로 변하겠다고 생각하는 사람은 없다.' 톨스토이의 명언이다. 여러분은 자신을 바꾸려고 한 적이 있는가, 아니면 세상을 변화시키려고 했나? 나는 둘 다 변화시키고 싶다. 과연 어떻게 하면 그게 가능할까? 정답은 자신이 먼저 변하면 된다는 것이다.

그렇다. 이제 좀 자녀가 변했으면 좋겠다, 이제 좀 부모가 변했으면 좋겠다. 이렇게 기도하는 사람들이 아직도 있는가? 내가 변하면 가족이 변하고 세상이 변한다. 세상을 변화시키는 것은 제도와 시스템이 아니다. 사람이 먼저 변화되어야 세상에 영향력을 발휘할 수 있다. 변화를 위한 방안으로는 새로운 것을 배우고 실천하여 당신만의 스토리를 만들어가는 것이다.

타이거 우즈는 데뷔 초기인 1997년에 마스터스 대회에서 기록적인 12타 차이로 우승한 후, 세계 최고의 골퍼로 인정받았다. 그 후 그는 스윙을 가다듬기로 하고 스스로 1년 6개월간의 슬럼프를 선택했다. 한창 잘나갈 때 왜 그랬을까? 그렇게 하면 더욱 오랫동안 더 잘 칠 수 있을 거라고 생각했기 때문이다. 물론 스윙이 완전하

---

5) 작자 미상의 이야기

지 않아도 대회에는 참가할 수 있다. 하지만 타이거 우즈는 타이밍을 잘 맞추지 못했고 그런 스윙으로는 토너먼트에서 경쟁하기 어렵다고 생각했다. 우승을 계속 유지하기 힘든 상태였다. 결국 타이거 우즈는 자신의 스윙을 바꾸기로 했다.

이윽고 슬럼프에서 벗어난 타이거 우즈는 네 개의 메이저 대회를 연속으로 석권하여 이른바 '타이거 슬램'을 달성했다. 그것은 골프의 전설 바비 존스 이후 처음으로 달성한 대기록이었다. 그런데 믿기 힘들게도 타이거 우즈는 다시 한 번 스윙을 바꾸기로 했다. 단지 최고의 경기를 좀 더 자주 하고 싶을 뿐이다. 그것이 스윙을 바꾸는 이유이다. 그러한 변화로 경기력이 좀 더 안정되고 보다수준 높은 경기를 펼칠 수 있을 거라고 생각했다. 타이거 우즈는 늘 더 좋은 골퍼가 되기 위해 모험을 해왔다. 그것이 타이거 우즈를 이처럼 성공하게 만든 요인 중 하나다.

이런 타이거 우즈의 개선 욕구에 대해 골프다이제스트는 '타이거 우즈의 신조: 나는 개선한다, 고로 존재한다.'라고 표현했다. '우즈에게는 지칠 줄 모르는 개선 욕구가 있다. 도요타의 엔지니어들은 조립라인에서 문제가 발생하면 그 근본 원인을 끝까지 찾아내 고치며 시스템을 확장해나간다. 그것이 개선이다. 그것이 타이거 우즈의 특징이다.'[6]

우리는 때론 자신의 편리함 때문에 기존의 생각과 방법을 고수

---

6) 타임지

하며 살아가고 있다. 매일 새로워지는 당신의 행동은 무엇인가? 일상생활 속에서 부정적인 말을 버림으로 행동을 바꾸고, 건강과 목표를 가로막는 잘못된 버릇과 나쁜 자세, 바람직하지 않은 습관을 개선해가야 한다. 21세기는 현실에 안주하지 않고 매일매일 진보하는 사람을 필요로 하기 때문이다.

세상을 변화하고 싶은가, 그렇다면 당신 자신부터 그렇게 바꾸어라.

성취는 행동의 산물이다

'믿음과 행동. 우리는 언제나 믿는 대로 행동한다. 우리가 하는 모든 행동은 우리가 믿는 무엇 때문에 하는 것이다. 만약 원하지 않은 행동을 한다면 잘못된 믿음을 가졌기 때문이다. 진실을 믿으면 현실이 바뀐다.'[7]

성취는 행동의 산물이다. 행동하지 않으면 성취란 없다. 그러면 행동을 유발하는 것은 무엇일까? 사람들은 제각기 믿음대로 행동하게 되어 있다. 믿음이 결여된 행동, 행동이 뒷받침되지 않는 성취란 없다. 고로 성취의 공식은 '성취=믿음×행동'으로 정의할 수 있다. 행동이 없는 믿음은 약한 믿음이고, 행하지 않으면 아무것도 얻을 수 없다. 더욱이 시간을 다투는 일을 앞에 두고 머뭇거리거나 미뤄서 나아지는 것은 없다. 지금까지 보고 배운 세계 최고의

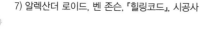

7) 알렉산더 로이드, 벤 존슨, 『힐링코드』, 시공사

성취자들의 성공 비밀을 지금 당장 나의 것으로 만들어 생명을 불어 넣었던 것이다. 많은 사람들이 자신의 선택에 확신을 가지지 못하고, 늘 자신과 남을 비교하는 데 많은 시간을 할애한다.

1908년 당시 25세로 신문기자였던 나폴레온 힐은 우연한 기회에 철강왕으로 유명한 앤드류 카네기를 인터뷰할 기회를 가진다. 그 취재 도중 나폴레온 힐의 능력을 간파한 카네기는 3일 낮 3일 밤에 걸쳐 열변을 토하였고, 마지막엔 다음과 같은 제안을 하게 된다.

"세상에는 천문학, 지리학, 물리학, 화학, 수학 등은 있어도 성공 철학은 없네. 지금껏 내가 쌓아온 성공의 비결을 자네에게 모두 전수했네. 나의 비결을 입증하기 위해 만인에게 공통된 성공 철학을 발견할 사업을 맡아주지 않겠는가? 그것은 앞으로 20년이란 세월을 필요로 하겠지만, 금전적 지원은 일절 하지 않겠네. 어떤가?"

잠시 생각에 빠지다가 힐은 카네기의 제안에 승낙한다. "29초. 자네가 대답을 하는 데 29초가 걸렸네. 만일 1분을 넘겼다면 자네를 그저 그런 평범한 청년으로 여기고 제안을 철회했을 걸세. 결단을 1분 안에 내리지 못하는 사람이라면 뭘 시켜도 시원치가 않거든."

사실 카네기는 힐을 만나기 이전에 260명이나 되는 사람에게 이같은 제안을 했다. 하지만 1분 안에 대답한 사람은 단 한 사람도 없었다. 세계 최고의 부호 카네기는 자신이 터득한 부의 비밀을 세상에 알릴 메신저로 나폴레온 힐을 선택한 것이다. 그 후 나폴레온 힐은 일생동안의 연구와 강연, 저술활동을 통해서 미국을 비롯해 전 세계적으로 성공 철학의 거장이 되었다.

무보수로 일을 맡은 나폴레온 힐은 배우기라도 열심히 해야겠다는 생각에 카네기로부터 많은 지식과 정보를 얻었다. 그리고 큰 감명을 받았다. 그 정도의 배움이라면 무보수도 아깝지 않다고 생각이 들 정도였다. 그렇게 해서 나온 『카네기의 성공학』은 전 세계적으로 2천만 부 이상이 팔리는 초대형 베스트셀러가 되었고, 나폴레온 힐은 한순간에 부와 명예를 모두 가졌다.[8]

실패를 부르는 가장 큰 원인은 바로 결단력 부족이다. 즉 어물어물하기만 하고 딱 잘라 결단을 하지 못함은 누구나 극복해야 할 최대의 적이다. 단호한 결단력이 몸에 배도록 하려면 입을 굳게 다물고 눈과 귀는 크게 열어야 한다. 신속하고 명확한 결단을 내리는 사람은 자기가 무엇을 바라는지 잘 아는 사람이다. 그리고 그 바람을 달성하기 위해 용기를 갖춘 사람이다.

그렇다. 성공으로 들어가는 문에는 '미세요'라는 문구가 있다. 아무리 좋은 생각과 조건을 가졌더라도 그것을 추진하지 않으면 무용지물無用之物, 미는 행동이 있어야 또 다른 안과 밖을 경험할 수 있다. 누군가 밀어 문이 열린다 하더라도 제 발로 나가야 새로운 세계를 맞이할 수 있다.

산다는 것은 움직이는 것이다. 움직임이 없는 것은 존재하지 않

------

8) 나폴레온 힐, 『나폴레온 힐의 성공학 노트』, 국일미디어

는 것과 같다. 따라서 움직임을 통해 우리가 바라는 것을 얻을 수 있고 인간으로 태어난 의미와 가치를 다할 수 있다. 꿈꾸는 미래 앞에 어떤 장벽이 있다 해도 헤치고 나가야만 현실이 될 수 있다. 그리고 더 나은 방법을 찾아내려는 노력이 세상을 바꿀 수 있다. 때문에 오늘보다 더 나은 내일을 만들기 위해 나는 오늘도 배우면서 달린다. 직업이 없는 사람은 비루하다고 하였다. 그러나 믿음이 없는 사람은 더 비루하다 하였다. 돈이 없는 사람은 가난하다고 하였다. 그러나 소망이 없는 사람은 더욱 가난하다고 하였다. 때문에 믿음과 소망만 있으면 위기를 극복할 수 있을 거라 믿는다.

우리는 지나치게 망설이다가 산불이 다 꺼진 후에 소화기를 들고 산으로 올라가는 경우가 많다. 망설인다는 것은 자신감이 부족하다는 것이고 이는 달리 말하면 평소 준비가 부족해서이다. 시작하라. 바람은 행동하는 자에게만 기회를 준다. 60이 넘어서도 내가 원하는 일자리를 구할 수 있었던 것은 앞에서도 말했듯이 6년 동안 2,000여 권의 독서와 15년 동안 지속한 달리기의 결정체이다.

나 하나 꽃 피어 / 조동화

나 하나 꽃 피어
풀밭이 달라지겠느냐고 말하지 말아라
네가 꽃 피고 나도 꽃 피면
결국 풀밭이 온통 꽃밭이 되는 것 아니겠느냐

나 하나 물들어

산이 달라지겠느냐고도 말하지 말아라

내가 물들고 너도 물들면

결국 온 산이 활활 타오르는 것 아니겠느냐

'나 하나쯤이야.' 하면서 해서는 안 될 일을 하고, 해야 할 일을 아무렇지도 않게 지나쳐 버린 적은 없는가. 시인의 말처럼 나 하나가 달라짐으로 세상이 달라질 수도 있다. 나 한 명이라도 열심히 노력하면 주변 사람들도 점점 물들어 너도 나도 같이 노력하게 되니까 결국 풀밭은 꽃밭이 된다.

행동하는 리더

말을 타고 길을 가던 한 신사가 재목을 운반하기 위해 땀을 흘리면서 열심히 일하는 군인들을 보았다. 그런데 그 와중에 편안히 앉아 구경만 하는 상사가 있었다. 신사가 그 상사에게 물었다.

"당신은 왜 같이 일을 하지 않으십니까?"

상사는 주저 없이 대답했다.

"나는 졸병이 아니고 명령을 하는 상관이기 때문입니다."

그 말을 듣자 신사는 말에서 내려 윗옷을 벗어 놓고 병사들과 함께 재목을 운반하기 시작했다. 신사는 한참 동안 작업을 했고, 많은 땀을 흘린 뒤에야 재목을 목적지까지 운반하는 일을 마무리할 수 있었다. 신사는 이마의 땀을 닦으면서 상사에게 말했다.

"앞으로 목재를 운반할 일이 있거든 총사령관을 부르십시오."

그 신사가 유유히 자리를 떠나갈 때 즈음, 상사와 병사들은 그제 야 그 신사가 조지 워싱턴 장군임을 알았다.

그렇다. 지금 우리에게 무엇보다 필요한 것은 리더의 솔선수범 이다. 리더가 먼저 행동하고 모범을 보이면 많은 사람들이 그 행동 에 의해 영향을 받게 되는 것이다. 말과 행동이 다른 리더는 인정 받을 수 없다. 힘든 일은 대부분의 사람들이 피하고 싶어 한다. 그 러나 한편으로 대부분의 사람들은 그 힘든 일을 누가 하는가 지켜 보고 있다. 리더는 문제가 생기면 뒤에 서서 사람들을 내모는 자가 아니라 앞장서서 솔선수범함으로써 동참을 이끌어내는 사람이다.

어느 회사의 공장장은 품질불량을 잡기 위해서는 우선 공장이 청결해야 하고 서로가 친절해야 한다고 생각했다. 불결하고 불친 절한 공장은 불량도 많이 나고 안전사고도 많이 난다고 생각했다. 그래서 깨끗한 공장을 만들기 위해 그가 취한 첫 번째 조치는 '청 소를 잘하자, 인사를 잘하자.'라고 지시를 내린 것이 아니라 공장 을 다니면서 휴지나 담배꽁초가 있으면 누구보다 먼저 그것을 주 웠고, 누구를 만나든지 먼저 인사를 했다. 시간이 지날수록 공장 장의 이러한 행동은 서서히 다른 직원들에게 전달되었고 그 공장 은 불량 없고 안전사고 없는 모범 공장으로 변해버렸다.
행동모범을 보이는 리더가 많은 조직에는 항상 소통이 원활하 다. 행동모범을 보이는 지도력은 앉아서, 전화로, 메일로뿐만 아 니라 현장을 돌아다니며 얼굴과 얼굴을 맞대는 방식을 더 선호한다. 그러므로 몸으로 하는 대화, 그 가운데서 격의 없는 커뮤니케이션 풍토가 조성되며 계층 간 조직 간의 벽이 허물어진다.

지도자는 실천할 것을 말하고 말한 것을 실천해야 한다. 우리는 흔히 지도자에게는 카리스마가 있어야 한다고 말한다. 옳은 말이다. 그렇다면 카리스마란 무엇인가? 카리스마는 쉽게 말해 사람들을 강력하게 끄는 힘이다. 이렇게 볼 때 솔선수범이야말로 진정한 카리스마라고 할 수 있다. 솔선수범에는 '내가 앞장설 테니 나를 무조건 따르라!'고 하는 지도자의 결연한 의지가 담겨 있다. 그래서 솔선수범보다 훌륭한 지도력은 없다고 하는 것이다.

'Learning By Doing. 행함으로써 배운다.'는 것은 진리이다. 행동 모범을 통해 리더는 그 자신이 가장 많은 것을 얻을 수 있다. 영국의 정치가 벤자민 디즈레일리는 이렇게 말했다. '사람이 지혜가 부족해서 실패하는 경우는 적다. 사람에게 늘 부족한 것은 성실이다.'

당신은 솔선수범하는 사람인가?

콩 심은 데 콩 난다

회사의 못마땅한 대우에 불만을 품은 K가 친구에게 말했다.

"나, 회사 때려치울 거야! 회사가 내 가치를 알아주지 않아."

그 말에 친구가 이렇게 말했다.

"그래, 잘 생각했어! 하지만 지금은 시기가 적절치 않아."

"어째서?"

"만약 네가 지금 떠난다면 회사의 손실이 크지 않아. 이제부터 죽을힘을 다해 하나의 고객이라도 더 끌어들이도록 해! 그리고 회사에서 무시할 수 없는 영향력을 가졌을 때 그 고객들을 데리고 회사를 떠나는 거야. 그래야 네가 얼마나 가치 있는 사람인지 회사가 확실히 알게 될 거야."

그 말이 옳다고 생각한 K는 이후 열심히 노력하여 많은 충성고객을 유치하게 되었고, 이 사실을 알게 된 친구가 K에게 말했다.

"지금이 회사를 때려치울 시기야. 빨리 행동에 옮기도록 해!" 친구의 말에 K가 웃으며 말했다.

"사장이 나를 임원으로 승진시킬 계획이래. 나는 여기를 떠나지 않을 거야."

그렇다. 모든 일에는 원인에 따라서 결과가 생긴다. 영국의 박물학자인 레이는 '나쁜 곡식에서는 좋은 씨앗이 나올 수 없다.'고 했고, 우리 속담에도 '뿌리 없는 나무에 꽃이 피랴, 아니 때린 장구 북소리 날까?'란 말이 있다. 휘어진 막대기는 휘어진 그림자가 있다는 말은 만고의 진리다.

목회자로 소천한 방지일 목사의 생전 마지막 설교 제목은 '종두득두種豆得豆, 콩 심은 데 콩 난다.'였다. 외를 심으면 외를 거두고, 팥을 심으면 팥을 거둔다는 말과 같이 종두득두라는 말을 흔히 한다며 바울 사도도 갈라디아서에서 심은 대로 거두리라고 하셨다. 그러면서 아무리 좋은 종자라도 그것이 알맞은 옥토에 떨어져야 결실을 30배, 60배, 100배 거둘 수 있다. 같은 종자라도 바탕이 좋지 못하면 그렇게 수확하지 못한다고 조언했다.

고인의 세상을 향한 마지막 당부는 이렇다. "내 마음을 항상 잘 살펴서 돌은 골라 치워버려야 하고, 수분이 없으면 수분을 공급해야 하고, 굳었으면 부드럽게 다듬어가면서 옥토를 만들어서, 언제라도 씨가 떨어지면 가장 잘 자랄 수 있도록 늘 가꾸는 우리가 돼야 한다."고.

무엇을 심든지 그대로 거둔다는 것은 자연의 법칙이요, 절대적인 진리이다. 심지 않고 씨앗이 나기를 바라는 것은 자기를 속이는 악한 것이다. 자녀들이 잘못한 일이 있을 때 부모는 먼저 자신을 돌아보아야 한다. 남의 탓, 조상 탓, 환경 탓으로 변명하지 말고 나의 탓임을 알아야 한다. 자연도 사계절이 있듯이, 인생도 유년기, 청년기, 장년기, 노년기가 있다. 제때를 놓치면 후회만 남는다.

남에게 행복을 주면 그것이 결국 내게 복으로 돌아온다. 따라서 남에게 대접 받고 싶은 대로 남에게 대접해 주는 것에서 그칠 것이 아니라 남에게 생각되고 싶은 대로 남을 생각해야 한다. 잘못된 결과를 놓고 원인을 내게서 찾는 사람은 발전, 향상이 있고 다른 사람의 인정을 받는다 했다. 좋은 씨앗에 좋은 나무, 좋은 열매가 있듯 우리 마음 생각이 씨앗이다. '어제와 똑같이 살면서 다른 내일을 기대하는 것은 정신병 초기증세이다.'고 아인슈타인은 말한다.

당신은 가정이나 직장에서 좋은 대우를 받고 있는가?

장점에 집중하라

자신의 장점을 살려라

옛날, 중국 춘추전국시대에 유명한 말꾼 중에 장의라는 사람이 있었다. 어느 날 도둑으로 몰려 너무 매를 많이 맞아서 몸이 다 망가졌다. 초주검이 되어서 엉망이 된 몸으로 누워 있다가 아내에게 말했다.

"여보, 내 몸은 다 망가졌는데 내 혀는 제대로 붙어 있는지 보구려."

"혀는 말짱한데요."

"그럼 됐어."

실망과 좌절 속에 있는가? 아픔과 실패를 디딤돌 삼아 뭔가 변화를 원하는가? 그렇다면 여러분에게 단 하나라도 남아 있는 장점을 찾아야 한다. 지혜로운 사람은 단점을 장점으로 살려 쓴다. 무엇을 하면 좋을지 몰라 남들 하는 대로만 따라하면 평균은커녕 뒤처진다는 사실을 알아야 한다. 사람은 저마다 잘하는 것이 있다. 각자의 심장을 뛰게 하는 것이 있다. 그 일을 하면 된다. 모든 것을 다 잘할 수는 없다. 이것저것 욕심 내지 말고 평생을 바쳐 하고 싶은 일을 찾아 최선을 다하면 된다.

동물나라에 토끼와 오리, 다람쥐가 동물학교에 입학했다. 셋은 각각 한 가지씩 장기가 있었다. 토끼는 발이 빨랐고, 오리는 헤엄을 잘 쳤고, 다람쥐는 나무타기에 재주가 있었다. 그런데 각자 자기 영역에서는 타의 추종을 불허할 정도였지만, 그 외의 종목에서는 성적이 형편없었다. 그래서 부족한 종목에 시간을 더 투자해야겠다고 생각했다.

토끼는 달리기 연습시간을 줄이고 수영과 나무타기를 열심히 연습했다. 그 결과 수영과 나무타기 실력은 조금 나아졌지만, 달리기 실력은 보통 수준으로 떨어지고 말았다. 오리도 수영 연습을 그만두고 온종일 달리기와 나무타기만 연습했다. 오리 역시 달리기와 나무타기 실력은 조금은 나아졌지만, 결국에는 돌투성이 길을 달리고 거친 나무 등걸을 기어오르느라 물갈퀴가 다 찢어져 수영을 제대로 할 수 없게 되었다. 다람쥐도 마찬가지였다. 나무타기 연습 대신 수영이며 달리기 연습을 하느라 발톱이 다 닳아버려서 나중에는 더 이상 나무 등걸을 움켜잡을 수도 없을 지경이 되었고, 결국 나무타기를 그만두어야만 했다. 동물이나 사람이나 잘하는 것이 있으면 못하는 것도 있다. 장점만을 가지고 태어난 동물도 사람도 없다는 말이다.

특히 젊은이들을 만나 대화를 나누다 보면 자신의 장점이 무엇인지 모르는 사람이 거의 절반이다. 아니, 자신의 장점을 찾으려 노력을 하지 않는 것이 더 큰 문제다. 구하고 찾고 문을 두드리는 사람만이 자신의 장점을 발견하게 될 것이고 진정 원하는 삶을 살아가게 될 것이다. 다시 강조하지만 성경 말씀대로 '구하라 그리하면 너희에게 주실 것이요, 찾으라 그리하면 찾아낼 것이요, 문을 두드리라 그리하면 너희에게 열릴 것이다.'라는 말을 신뢰하기를 바란다.

당신의 심장을 뛰게 하는 일은 무엇인가?
당신은 자신의 강점을 어떻게 발전시키고 있는가?

몸에 잘 맞는 옷

몸에 맞는 양복을 입어야 한다. '사람들은 대개 몸에 맞지 않는 양복을 입고 다닙니다. 정말 놀라운 일이지요. 양복 구입에서 몸에 잘 맞는 것을 선택하는 것은 중요한 일입니다. 좋은 원단을 선택하는 일보다 훨씬 더 중요하죠.'[9] 카민 갤로의 『리더의 자격』 중에 나온 말이다.

---

9) 카민 갤로, 『리더의 자격』, 북투데이

그렇다. 양복 원단이 아무리 좋아도 자기 몸에 맞지 않는 옷을 입는다면 모든 게 편안하지 않다. 투자의 귀재 짐 로저스는 『세계경제의 메가트렌드에 주목하라』라는 책에서 이렇게 말한다.

'급여를 대폭 깎이면서도 이 일을 맡았다. 내 급여는 75%나 줄어들었다. 그러나 돈은 상관없었다. 내 두 딸과 여러분 모두에게 나는 이렇게 조언한다. 보수가 얼마나 되는지 물어보기 전에 그 일이 자신에게 맞는지, 그 자리가 자신에게 적합한지부터 판단하라. 적합한 자리에서 자신에게 맞는 일을 한다면, 돈은 따라오기 때문이다. 장담하건대, 돈이 당신을 찾아갈 것이다. 돈은 중요한 문제가 아니다.'[10]

어느 만화가의 변을 옮겨 적는다. '의사가 수술대에서 실수를 하면 사람이 죽고, 파일럿이 비행 중에 한눈을 팔면 추락할 수 있지만 만화를 그리다 실수를 하거나 한눈을 판다고 해서 누가 죽거나 사고가 나진 않는다. 소심한 성격을 가진 나에겐 참으로 다행스런 일이다. 고로 자신에게 맞는 일을 찾아 꾸준히 노력하는 일은 한 일생에 가장 중요한 일이 아닐 수 없다.'

미국 신학자 하워드 서먼은 말하고 있다. '세상이 무엇을 필요로 하는지 묻지 마라. 자신을 설레게 하는 것이 무엇인지를 묻고 그것을 하라. 세상이 필요로 하는 것은 열정을 가진 사람이기 때문이다.'

---

10) 짐 로저스, 『세계경제의 메가트렌드에 주목하라』, 이레미디어

나는 몸에 잘 맞는 옷을 입고 있는가?

지금 입고 있는 옷은 불편하지 않은가?

계속하여 스스로에게 묻고 답하여 남에게 잘 보이기 위한 옷이 아니라 나에게 잘 맞는 옷을 찾아나서야 한다. 나는 지혜롭지 못하여 내가 좋아하고 잘할 수 있는 일을 60이 다 되어서야 찾았다. 하지만 70이 되었을 때 몰라보게 변화할 내 모습을 상상하고 활짝 웃으며 오늘을 맞고 있다. 지금은 내가 가장 잘하는 일과 가장 좋아하는 일을 찾아 가슴이 시키는 일을 하고 있기에 하루하루가 즐겁다.

노래, 연주에 재능이 없다고?

노래 부르기, 연주에 재능이 없다고? 그럼 악기를 한번 만들어보지 뭐. 역사상 최고의 바이올린 제작자로 알려진 안토니오 스트라디바리. 그의 악기는 모양과 색채가 아름다우며, 음색이 매우 풍부하고 화려하기로 유명하다. 그는 살아 있는 동안 1,000개가 넘는 악기를 만들었는데, 그중 바이올린 540개, 비올라 12개, 첼로 50개가 아직 남아 있으며, 많은 연주가들이 그가 만든 악기를 쓴다.

그의 어렸을 때 꿈은 소년 합창단에 들어가는 것이었다. 그러나 합창단을 뽑는 시험에서 여러 번 불합격을 했다. 목소리가 좋지 않으니 그만하라는 주변의 충고가 여러 번 있었다. 결국 그는 합창단에 들어가는 것을 그만두었다. 대신 합창단 뒤에서 아름답게 울리는 바이올린을 배우기로 결심했다. 그러나 바이올린을 연주하고 있으면 이웃 사람들이 찾아와 말릴 정도로 그의 연주 솜씨는 형편 없었다. 음악을 계속하고 싶었지만 전혀 재능이 없는 자신에게 안토니오는 실망했다.

그는 결국 바이올린 연주자 대신 바이올린 제작자가 되기로 결심했다. 하루하루 정성을 다해 나무를 다듬던 그의 손놀림에선 어느덧 바이올린을 만드는 장인으로서의 솜씨가 묻어 나오기 시작했다. 스트라디바리의 위대한 점은 뛰어난 제작기술과 좋은 목재를 실수 없이 선택하는 데에서뿐만 아니라 바이올린의 기초적인 디자인을 수정하는 데 있어서도 탁월했다. 즉 볼록한 배 부분을 낮추는 일, 코너 블록을 강화시키는 일, 중간 리브의 굴곡을 강조하는 일, 소리구멍을 수정하는 일, 소용돌이무늬를 크게 하는 일 등의 수정작업이 어느 누구보다도 뛰어났다. 이후 그는 평생 바이올린 제작에 몰두했으며 4백여 년이 지난 지금도 그의 바이올린은 하나에 1억 원을 호가할 정도로 명성이 자자하다. 2006년 한 경매에서는 그의 바이올린 하나가 35억 원이라는 가격에 팔릴 정도로 세계 최고의 바이올린으로 자리매김했다.

그렇다. 모든 사람은 각각 태어날 때, 하나의 작품으로 태어난다. 그 가치는 아무도 모방할 수 없을 정도로 대단하다. 하지만 본인이 그 가치를 펼쳐내어 쓰지 않는다면 아무 의미가 없다. 노래를 부르는 재능도 악기를 연주하는 재능도 없었던 안토니오는 악기 제작이라는 새로운 일에 도전했고 세계 제일의 명품 바이올린을 만들어냈다. 강점을 찾는 가장 좋은 방법은 다양한 일을 시도해보는 것이다.

'자기 분야에서 최고로 성공하고 싶다면 먼저 한 분야의 최고 전문가가 되라. 자신의 능력을 여기저기 나눠 쓰는 일은 자제하라. 나는 여태까지 여러 가지 일에 손대는 사람이 돈을 많이 버는 것을 보지 못했다.' 강철왕 카네기의 말이다.

'낭중지추囊中之錐'라는 고사故事는 '재능이 뛰어난 사람은 어디에 숨어 있어도 그것이 밖으로 드러난다.'는 말이다. 한 분야에 집중할 때, 주변에서 당신을 전문가라고 부르게 될 것이다. 햇빛은 한 초점에 모아질 때만 불꽃을 내는 법이다.

산과 다람쥐가 싸웠다. 산이 다람쥐를 보며 비웃었다.
"이 눈곱만 한 놈아!" 다람쥐가 답했다.
"내가 너만큼 크진 못하지만, 네가 나만큼 작지도 못하다. 재능은 제각각이고 만물은 현명히 놓여 있다. 내가 숲을 짊어질 순 없지만, 너는 밤을 까진 못한다."
산과 다람쥐의 싸움에서 다람쥐가 KO승을 거둔 것이다.

'푸른 꽃은 푸르러서 예쁘고 붉은 꽃은 붉어서 예쁩니다. 가을은 알록져서 아름답고 겨울은 빛이 바래 아름답죠. 자신의 없는 모습을 부러워하지 마세요. 있는 그대로 당신은 충분히 아름다우니까요.' 두산그룹 광고 열세 번째 이야기이다. 상품도 제각각 나름대로의 쓸모를 가지고 태어나듯, 사람들도 마찬가지로 제각각 장점을 가지고 태어난다. 잘하는 것, 좋아하는 것, 불편한 것, 싫어하는 것, 두려운 것 등 혼자 생각하는 것도 필요하지만 다른 사람에게 내가 어떠한지 물어보는 것도 필요하다. 강점을 찾았다면 살아숨 쉬게 하고 성장하도록 해야 한다. 그러기 위해서는 약점이 아닌 강점에 집중해야 한다. 약점을 보완하기 위해 들이는 시간과 노력을 최소화하고, 이를 강점에 기울인다면 큰 성과를 올리며 자신의 경쟁력을 높일 수 있다.

당신이 가진 강점에 자신감 가지고 집중하라!

정말 좋아하고 즐거운 일

"교육이란 무엇입니까? 교육은 거창한 것이 아닙니다. 어릴 때부터 자기가 좋아하는 것을 찾게 해 주는 것이 교육입니다. 좋아하면 열심히 합니다. 열심히 하면 잘합니다. 잘한 것을 갖고 사회에 나가면 크건, 작건 반드시 제 몫의 일이 있습니다. 그것을 평생 하고 사는 게 인생입니다. 좋아하고 잘하는 것을 평생 하다 보니 성숙하고 성공하게 됩니다. 그러면 어떻게 될까요? 결국 행복한 인생을 살게 되지요."라고 김용택 시인은 말한다.

고3 때 사업자등록 하고 닭 1,000마리, 돼지 30마리 가지고 축산업에 뛰어든 입지전적인 인물 김홍국 하림그룹 회장은 초등학교 시절부터 병아리 기르는 것이 즐거웠다. 그는 공부보다도 병아리

기르는 일에 더 흥미가 있었다. 중학교에 들어가서도 그는 병아리와 함께 지냈다. 고등학교도 집안의 반대를 물리치고 가출까지 하면서 이리농고에 들어갔다. 다들 미쳤다고 했지만 1975년 봄, 고등학교 졸업할 때 그는 이미 7,500만원의 재산을 마련할 수 있었다. 그는 자기가 하고 싶은 병아리 기르는 일을 하면서 무한한 보람과 행복을 느꼈다. 50개 계열사, 연매출 5조 원, 고용인원 8,000여 명, 관련된 일자리 수만 개, 하림그룹의 역사는 하고 싶은 일을 끝까지 한 데서 온 결과인 것이다.

그렇다. 어느 분야든 성공한 사람들의 공통점은 자신의 일을 너무 좋아했다. 그냥 좋아서 즐거워서 했더니 성공했다. 그래서 타고난 사람은 노력하는 사람을 이기지 못하고 노력하는 사람은 즐기는 사람을 이기지 못한다는 말이 가슴에 와 닿는다.

조앤 K. 롤링은 어떻게 세계적인 작가가 될 수 있었을까?
그녀는 어린 시절부터 상상력이 뛰어났다고 한다. 또 이야기하는 것을 매우 좋아해 자신이 꾸며낸 이야기를 주변 사람들에게 자주 들려주곤 했다. 자신이 좋아하는 일이니까 그렇게 열심히 상상 속의 이야기를 했을 것이다. 조앤 K. 롤링은 성인이 되어서도 자신이 좋아하는 일을 포기하지 않고 성실히 노력한 결과 무명의 어려움을 딛고 출간의 기쁨을 누렸다. 자신이 좋아하는 일을 꾸준히 한 결과 해리포터 책은 불티나게 팔렸고 그녀의 삶을 순식간에 바꾸어 놓았다. 성공하려면 자신이 좋아하는 일에 목숨을 걸어야 한다.

판타지 소설 『해리포터』 시리즈의 성공으로 생활보호대상자에서 일약 10억 달러가 넘는 돈을 거머쥔 조앤 K. 롤링! 그녀는 딸 한 명을 키우며 한 치 앞이 보이지 않는 이혼녀로 하루하루 힘들게 생활을 하며 살았다. 그런 그녀가 세계적인 베스트셀러 작가가 된 것이다.

미국 스롤리 블로트닉 연구소에서 아이비리그 대학 졸업생 1,500명을 대상으로 20년 동안 '직업과 부의 상관관계'를 연구했다. 먼저 대상을 두 그룹으로 나누었다. A그룹(83%)은 직업을 선택할 때 돈에 주안점을, B그룹(17%)은 자신이 하고 싶은 일을 우선으로 생각해 직업을 선택했다. 이들을 20년간 추적 조사한 결과 101명의 억만장자가 탄생했다. 그런데 놀라운 사실은 이들 억만장자 중, 단 한 명을 제외한 100명이 B그룹에서 나왔다는 것이다. 이 조사결과는 무엇을 의미하는가? 성공한 멘토들은 강조하고 있다. 자신이 좋아하는 일을 하다 보니 소위 성공에 이르게 되었다고 한다.

'나는 사진으로 밥 먹고 산다는 게 얼마나 힘들고 어려운 일인지 모르고 사진을 선택했다. 하지만 내가 정말 사랑하는 일이었기에 고통의 순간도 이겨낼 수 있었다. 자신이 가장 잘할 수 있는 일을 직업으로 가진다는 것은 행운이다.' 사진작가 조선희의 말이다.

이 책은 자신의 꿈을 펼친 인물들의 일화를 통하여 여러분의 꿈과 끼를 찾게 만들고, 자신이 좋아하는 분야에서 최고가 되고자 노력하는 여러분에게 훨훨 나는 꿈의 날개를 달아드리고자 한다. 그럼에도 불구하고 나는 할 수 있다고 생각하면 긍정이 된다. 긍정을 하다 보면 희망이 생긴다. 희망으로 쭉 가다 보면 행복의 길로 갈 수 있다.

그럼 주어진 일을 어떻게 할 것인가? 좀 더 구체적으로 계획을 세워 최선을 다해야 한다. 영화 〈역린〉에 나온 중용 23장을 보면 일을 함에 있어 좋은 가르침이 있다. '작은 일에도 무시하지 않고 최선을 다해야 한다. 작은 일에도 최선을 다하면 정성스럽게 된다. 정성스럽게 되면 겉에 배어 나오고, 겉에 배어 나오면 겉으로 드러나고, 겉으로 드러나면 이내 밝아지고, 밝아지면 남을 감동시키고, 남을 감동시키면 이내 변하게 되고, 변하면 생육生育된다. 그러니 오직 세상에서 지극히 정성을 다하는 사람만이 나와 세상을 변하게 할 수 있는 것이다.'

워렌 버핏의 말처럼, 자신이 좋아하는 일을 해라.
그러면 성공은 자연히 이루어진다.

좋은 습관 만들기

나는 누구일까요?

나는 누구일까요? 나는 당신의 영원한 동반자입니다. 당신의 훌륭한 조력자이자, 가장 무거운 짐이기도 합니다. 나는 당신을 성공으로 이끌기도 하고 실패의 나락으로 끌어내리기도 합니다. 나는 언제나 당신이 하는 대로 따라갑니다. 그렇지만 당신이 하는 행동의 90%는 나로 인해 좌우됩니다. 나는 모든 위인들의 종이자, 모든 실패자의 주인입니다. 당신은 나를 통해 발전할 수도 있고 실패할 수도 있으며, 당신은 나를 통해 모든 것을 얻을 수도 있고, 모든 것을 잃을 수도 있습니다.

과연 위의 이야기에 나오는 '나'는 누구일까? 이미 짐작했겠지만, 이는 바로 '습관'이다.

그렇다. 성공하는 사람들은 결코 하루아침에 성공적인 결과를 얻는 것이 아니다. 그들에게는 늘 성공을 위한 습관이 매일 매일 쌓이고 있었기 때문이다. 건강한 사람들이 날씬하고 건강한 몸을 유지하는 이유는 어느 날 갑자기 10km를 조깅해서가 아니다. 그들은 항상 조깅을 습관으로 갖고 있었기 때문이다.

미국의 유머리스트 빌링스는 '습관은 기르기는 쉬우나 버리려 할 때는 껍질뿐만 아니라 살까지 떼어간다.'고 했다. 좋은 습관을 형성하기에는 많은 노력이 필요하나 나쁜 습관에는 쉽게 빠진다. 시간 관리를 돕는 좋은 습관을 살펴보면 우선 목표를 설정하고 행동하는 습관, 우선순위를 잘 결정하는 습관, 일과표를 작성하는 습관, 규칙적으로 생활하는 습관, 타인을 배려하는 습관, 서두르지 않고 매사에 여유와 침착성을 갖고 행동하는 습관, 메모와 수첩을 활용하는 습관, 물건을 제자리에 두는 습관, 일을 미루지 않은 습관, 남과 시간 약속을 잘 지키는 습관, 책 읽는 습관, 비생산적인 취미에 빠지지 않는 습관, 자투리 시간을 잘 활용하는 습관, 욕망을 잘 제어하는 습관 등이 있다. 훌륭한 습관을 길들이는 것은 곧 인격 훈련이다.

'우리가 반복적으로 하는 행동이 바로 우리가 누구인지 말해 준다. 그러므로 중요한 것은 행위가 아니라 습관이다.' 고대 그리스의 철학자 아리스토텔레스의 말이다. 습관이란 우리 몸이 일정기간 같은 행동을 반복했을 때 형성된다. 연구 결과에 의하면 3주가

지나면 머릿속에 새로운 습관이 기억되고, 66일이 지나면 몸이 자동으로 반응한다고 한다. 오래된 나쁜 습관을 고치려면 100일 정도의 시간이 더 필요하다.

새로운 습관을 들일 때는 쉽게 실천할 수 있는 것부터 시작해야 한다. 처음의 동기가 어떠했든 너무 큰 목표는 뇌를 지치게 하기 때문에 나중에 포기하려는 성향이 크다. 우리 뇌가 지치지 않도록 하는 방법은 작은 습관 길들이기다. 그래서 하루 1분 스트레칭, 영어단어 1개 외우기, 하루 1번 칭찬하기, 하루 1분 정리 정돈하기 등 나부터~ 작은 것부터~ 지금부터 할 수 있는 아주 간단한 것들의 먼저 행함이 중요하다. 분명한 것은 습관은 먼저 내가 만들지만, 나중에는 습관이 나를 만든다. '무엇이든 움직이지 않으면, 아무 일도 일어나지 않는다.' 독일의 물리학자 아인슈타인의 말이다.

내가 가진 좋은 습관과 나쁜 습관은 무엇과 무엇인가?

메모가 천재를 만든다

'역사상 천재로 불렸던 인물들은 대부분 메모하는 습관을 가졌다. 링컨은 모자 속에 항상 종이와 연필을 넣고 다니면서 갑자기 떠오른 생각이나 남에게 들은 말을 즉시 기록하는 습관이 있었다. 슈베르트는 악상이 떠오를 때마다 식당의 식권이나 입고 있던 옷 등 손에 잡히는 대로 가리지 않고 메모를 했다.'[11]

11) 이토 모토시게, 『도쿄대 교수가 제자들에게 주는 쓴소리』, 갤리온

그렇다. 메모는 대단히 중요하다. 내가 생각하고 한 말조차도 메모하지 않으면 잃어버리기 십상이다. 하물며 남의 말이나 잠깐 스치는 아이디어를 오랫동안 기억하고 있기란 어려운 일이다. 메모가 없었다면 'Imagine'도 없었다. 비틀스의 존 레넌은 비행기를 타고 가던 중 갑자기 시상詩想이 떠올랐다. 그래서 가지고 있던 호텔 메모지에 가사를 급히 메모했고, 그 메모가 유토피아에 대한 한 줌의 희망을 노래한 불후의 명곡 'Imagine'이 되었다. 존 레넌은 유난히 글쓰기를 즐겨 상당히 많은 양의 편지, 엽서, 메모 285편을 모아 책으로 엮었다. 성공의 열쇠는 메모이다. 사람이라면 누구나 아름답고 좋은 생각을 한다. 하지만 순간적인 관심이나 재미에 빠져 그 생각은 곧 사라져버리고 만다.

　적자생존適者生存이란, '환경에 가장 잘 적응하는 생물이나 집단이 살아남는다.'는 뜻도 있지만 '잘 적어두는 사람이 살아남는다(?)'는 의미도 새겨둘 필요가 있다. '잊지 않기 위해 메모하기보다 잊기 위해 메모한다.'는 메모는 일처리의 효율성, 능력 향상, 새로운 일의 기획, 실적 향상 등 메모의 이유와 효과는 다양하게 나타난다. 언제 어디서든 메모는 가능하다.

　사람은 한 시간 이내에 들은 것의 90%를 잊어버리고 망각하는 바보 같은 동물이다. 메모하는 습관의 가장 좋은 점은 순간의 생각나는 모든 것들을 기억해내고 삶에 적용할 수 있는 것이 아닐까요. 메모는 다른 사람이 대신할 수 없다. 자신이 하는 것이다. 나부터 메모하면 좋은 습관을 갖게 되고 실천력도 따르게 된다. 나는 지난

5년 동안 책을 읽으면서 감동이 되는 일화나 문구를 빠짐없이 메모하였고, 그렇게 메모된 자료들이 주제별로 쌓이고 조합되어 이 책을 펴내게 된 것이다.

이 책을 읽는 동안 떠오른 아이디어는 없었는가?
이 책을 읽으면서 새롭게 발견한 것은 없었는가?

나의 좋은 습관

(1) 일찍 일어나는 습관이다

밤 11시 전후에 자고 아침 4~5시면 일어나는 아침형 인간이다. 이른 아침 기상하게 되면 좋은 점이 한두 가지가 아니다. 건강한 몸으로 새날을 맞게 한 하나님께 감사기도하고, 기도 시간에는 오늘 할 일과 오늘 만남을 계획하고 준비하는 시간이어서 좋다. 최근 5년 동안은 일일일독一日一讀하기 위하여 3시에 기상하였다. 내 주관적 생각일 수 있으나 일찍 일어나는 것은 사람이 성장하기 위한 가장 좋은 습관 1순위다. 일찍 일어나려면 당연히 일찍 자야 한다. 늦게 자고도 일찍 일어날 수 있다면 더없이 좋겠지만, 난 일찍 자고 일찍 일어나는 쪽을 선택한 것이다.

무의식적으로 보아왔던 TV를 OFF한 것이다. 이제야 일찍 일어나고 일찍 자는 새 나라의 어른이 된 것이다. 꼭 하지 않아도 될 일을 과감히 버리고 저녁 만남을 줄임으로, 전 같으면 초저녁이 될 밤 시간에 잠을 자고 한밤중이 될 이른 새벽에 일어나니 나에게 주어진 시간이 전보다 훨씬 길어짐에 놀란다. 일찍 일어남으로 여유로운 삶이 시작된 것이다. 흔히 일찍 일어나면 세 가지를 얻을 수 있다고들 한다. 첫째, 건강해지고 둘째, 부유해지고 셋째, 현명해진다. 나에게 반드시 필요한 것들이다.

(2) 달리는 습관이다

15년 전 나는 무거워진 몸무게를 줄이기 위해 매일 1시간씩 걷기를 시작하였다. 처음엔 서서히 걷다가 15분이 지나면 이마에 땀이 맺힐 정도의 파워 워킹power walking으로 발전해 갔다. 하루도 빠짐없이 3개월 걷기를 통해 발목에 근력이 붙고 무릎 또한 좋아짐을 느꼈을 때 몸무게는 걷기 전보다 5kg 정도 줄어 있었다. 그때 신문을 통해 마라톤대회 참가자 모집 광고를 보았고, 마라톤 선수가 아닌 일반인도 마라톤을 할 수 있다는 것을 알았다. 모든 운동의 기본이 되는 달리기, 달리기 역시 처음에는 서서히 아주 서서히 5km를 달리다 점점 빠르게 5km를, 점차 아주 서서히 10km를 달리다 점점 빠르게 10km를 달렸다. 달리기를 시작한 지 5개월이 지나서 국제공인대회인 중앙마라톤대회에 참가, 풀코스 42.195km를 3시간 20분 기록으로 첫 완주하는 기쁨을 맛보았다. 완주 후 몸과 마음은 하늘 높이 날고 있었고, 세상이 다 내 것 같은 기분이었다.

달리기 위해 많은 시간을 할애하기에 아내의 불만은 항상 천둥 속에 먹구름이지만, 나빠진 건강으로 약에 의존하고 병원 신세를 지면서 경제적 부담과 가족에게 미안한 마음으로 생활하고 있는 또래의 사람들을 보며 나는 힘을 얻는다. 달림으로 건강해진 몸이 있기에 무엇을 하든지 두려움 없는 자신감과 도전 의식은 나만의 뿌듯함이요, 강점이다. 그래서 나는 마라톤을 건성정자健誠正自라고 정의한다. 건성정자의 '건健'은 '건강健康'을, '성誠'은 '성실誠實'을, '정正'은 '정직正直'을, '자自'는 '자신감自信感'을 갖게 됨을 말한다. 마라톤 마니아로서의 삶이 즐겁다.

달리기를 규칙적으로 하면 체중 감소와 체형 유지, 심혈관계와 호흡계의 건강증진, 체내 총 콜레스테롤수치 감소, 골밀도 증가, 면역계 강화, 자존감 증가뿐만 아니라 달리기는 뇌의 새로운 신경 생성을 늘릴 수 있어서 노화나 학습, 기억에 노화를 천천히 하거나 거꾸로 돌릴 수 있다. 그리고 근력과 지구력의 강화와 민첩성이 좋아 모든 운동에 적응력이 빠르다. 달리기에서 정신적으로 좋은 '러너스 하이Runner's high'로 일컬어지는 기쁜 상태는 달릴 때 경험할 수도 있으며, 우울증에 있는 사람 또는 중독환자들에게 자주 권해진다. 달리면서 즐길 수 있는 아름다운 자연과 풍경은 정신적 웰빙을 증진시킬 수 있는 중요한 신체활동임이 밝혀졌다. 달려서 좋아진 부위는 한두 곳이 아니다. 영화 〈말아톤〉에서 주인공 초원이의 다리는 백만 불짜리라 했는데 나의 다리는 천만 불 이상의 것이 되어 있다. 오랫동안 앉아 독서할 수 있는 이유도 달리기로 만들어진 몸의 건강 특히 척추의 바름 때문일 것이다.

처음 달리기를 시작하는 사람에게 조심스런 조언을 한다면 초보자는 나이에 상관없이 자신에 알맞은 초보자의 프로그램으로 기초를 다져야 한다는 것이다. 처음부터 힘껏 또는 오랫동안 달리기를 하면 몸에 이상 징후가 나타난다. 어떤 일이든 무리하면 다친다. 특히 달리기에서 오버페이스로 오는 부상은 심각하며 그 후유증은 오래 간다. 인생도, 책읽기도, 달리기와 같다.

(3) 독서하는 습관이다

아들아 제발! 딸아 제발! 그리고 여보야, 당신도 제발! 책 좀 읽어라! '사람은 책을 만들고 책은 사람을 만든다, 책 속에 길이 있다.' 수없이 외쳤지만 당장 나타난 효과는 없었다. 그래서 나부터 읽기로 한 것이다. 나는 아침에 일어나면 세수를 하고 책상에 앉아 책을 읽기 시작한다. 2일에 1권 독서하기로 마음먹고 시작한 독서가 김병완의 『48분 기적의 독서법』이란 책을 본 후, 하루 1권 책읽기로 목표를 수정했다.

6년 전 책을 읽기로 작정하고 한 권의 책을 집어든 것이 「사람은 무엇으로 사는가」, 「바보 이반」 등이 수록된 『톨스토이의 단편집』으로 잘 알려진 작품이었지만 주인공 이름도 지명도 모두 어렵기만 하다. 한 장을 넘기면 읽었던 앞의 내용이 생각나지 않는 등 책과 친해지기가 쉽지 않았다. 어려운 일이다. 내 머리의 한계인가, 졸음이 쏟아진다 등 부정적 생각과 힘든 현상이 일어났지만 집중하여 읽으려 애썼다.

책을 잘 읽을 수 있는 방법에는 무엇이 있을까? 곰곰이 생각하며 찾아낸 것은 '쉬운 책을 읽자.'였다. 그럼 쉬운 책이란 어떤 책인가? 생각 끝에 답을 얻었다. 초등학생을 대상으로 만든 동화책으로 전에 한 번쯤 읽었거나 잘 알려진 비교적 짧은 내용의 책을 읽는 것이다. 이와 같이 한 권, 두 권, 열 권, 백 권의 책장을 넘기다 보니 이제는 어떤 책을 읽어도 내용 파악이 되고 읽는 속도도 빨라지기 시작했다.

나는 최근 6년 동안 2,000여 권의 책을 읽었다. 책 속에서 길을 보았다. 또렷한 대로를 보았다. 무엇보다 내가 잘할 수 있는 일을 찾았고 어떻게 이뤄가야 되는지 방법도 알아가고 있다. 무엇보다 남에게 의존하지 않고 나 자신 스스로 물을 떠 마셔야 한다는 진리를 오늘도 배워가고 있다. 자신의 삶에 최선 다한 이들의 새로운 메시지와 경험담을 보고 들음으로 지식을 쌓고 내가 추구하는 일에 도움이 되도록 활용하고 있다. '가다가 중단하면 아니 간 것만 못하다.'는 옛말의 뜻을 모르는 바 아니지만, 난 이렇게 말하고 싶다. '가다가 중단하여도 간만큼 이익이다.'라고.

내가 책으로 만난 이슈 인물들은 거의 독서광이었다. 당신은 책을 통해서 당신이 원하는 인류 최고의 스승들을 모두 만날 수 있다. 그것도 한 명이 아닌 10명, 100명도 당신의 의지대로 만날 수 있다. 책은 '천의 얼굴'을 가진 '희망의 마법사'이자 '성공 제조기'다. 책을 읽어라! 성공의 열쇠는 책 속에 있다!

그렇다. 콩 심은 데 콩 나는 게 세상 이치라면, 이왕이면 더 훌륭한 콩, 더 많은 콩을 수확하기 위한 준비도 필요하지 않을까? 통찰력과 창의력이 필요하다. 그러기 위해서는 세 가지가 있어야 한다. '다독多讀, 다관多觀, 다사多思 즉 많이 읽고 많이 보고 많이 생각하는 것이다.' 최대한 많은 접촉, 최대한 많은 만남이 필요하다. 책을 통해 모르는 것을 배우자, 그리고 배워서 남 주자. 예로부터 독서를 많이 한 사람은 남을 해치지 않는다고 했고, 가난한 자는 책으로 말미암아 부자가 되고, 부자는 책으로 말미암아 존귀해진다고 했다. 신영복은 『담론』에서 좋은 책을 읽을 때 '삼독三讀'을 권한다. 먼저 텍스트를 읽고, 저자를 읽고, 자기 자신을 읽으라고 한다. 또 머리로 읽고, 가슴으로 읽고, 발로 읽으라고 한다. 머리로 이해하고 가슴으로 느끼고 발로 실천하라는 의미다.[12] 책은 자신과 세상을 변화시키는 힘이 있다.

좋은 부모, 좋은 자녀, 좋은 사회인이 되기를 바라는 마음!
멋진 삶, 아름다운 세상이 되기를 바라는 마음!
책 읽기가 곧 그 시작이다.

---

12) 신영복, 『담론』, 돌베게

집념이 이긴다

집념이 이긴다

케임브리지 대학에 다니던 청년은 친구 몇몇과 어울려 다니면서 곤충을 잡아 그것을 두고 열띤 토론을 하곤 했는데, 특히 딱정벌레 채집에 열중했다. 하루는 청년이 오래된 나무껍질을 벗기다가 희귀한 딱정벌레 두 마리를 발견했다. 얼른 양손에 한 마리씩 잡았는데 다른 종류의 딱정벌레가 또 한 마리 등장했다. 청년은 급한 마음에 한 마리를 입에 집어넣고 세 번째 놈을 붙잡았다. 그런데 입속에 들어간 딱정벌레가 독한 분비물을 쏘는 바람에 고통을 느껴 그만 귀중한 딱정벌레를 모두 놓치고 말았다. 생물의 진화론을 내세워 코페르니쿠스의 지동설만큼이나 세상을 놀라게 한 다윈의 일화이다. 한마디로 딱정벌레에 미쳤던 것이다. 딱정벌레에서 시작한 곤충학적 훈련은 이후 다윈이 자연학자로 성장하는 데 든든한 버팀목이 되었다.

이렇듯 집념은 절망을 이긴다. 미련한 집념이 똑똑한 사람을 이긴다는 말이 있다. 성공한 경영자들에게는 '강한 집념'이라는 공통적인 특징이 있다. 경영자가 별것 아닌 데에도 철저하고 고집스러운 집념을 갖고 있으면, 옆에서 보고 있는 사원에게도 전염된다. 그리고 결국 그 집념이 회사의 사풍이 된다. 바로 이것이 집념이 강한 경영자가 있는 회사가 성공하는 이유다.

다음은 나비에 미친 나비박사 석주명의 일화이다. 석주명의 속을 제일 애태우게 한 대표적인 나비가 '지리산팔랑나비'였다.
"아, 추워! 오늘은 날씨가 꽤 쌀쌀한 걸! 산에 나비가 있을까 모르겠네."
나비 채집을 위한 지리산에 도착한 석주명은 계곡 주변을 누비기 시작했다. 한참을 돌아다니던 주명은 억새풀이 우거진 곳에서 숨을 잔뜩 죽이고 꼼짝없이 서 있었다. 갑자기 심장이 쿵쾅쿵쾅 뛰기 시작했다.
"아, 저 나비는 분명 처음 보는 나비다!"
뒷날개 아랫면에 말발굽 같은 무늬가 새겨진 나비는 분명 나비도감이나 곤충도감에서도 찾아보지 못한 새로운 나비였다. 하지만 나비를 보자 주명은 마음이 설레어 채집망을 제대로 휘두르지도 못하고 있었다.

"조심……! 조심……!"

주명은 천천히 발걸음을 옮겼지만, 이미 사람의 접근을 눈치 챈 나비는 4~5미터 떨어진 곳으로 날아가 버렸다. 다시 숨죽여 다가갔지만, 이번엔 나뭇가지에 옷이 걸려 나비를 놓치고 말았다.

"에잇, 누가 이기나 한번 해보자!" 다가갈수록 멀어져만 가는 나비와의 사투는 장시간으로 이어졌다. 주명은 나비를 쫓아 산 오르막을 거의 뜀박질 속도로 달려가기 시작했다. 그러나 나비는 쉬이 채집망에 낚이지 않았다. 얼마나 정신없이 돌아다녔는지, 바위와 바위 사이를 잘못 헛디뎌 무릎에 피가 나기도 했다. 그래도 주명은 포기할 수 없었다. 눈앞에 새로운 종의 나비가 아른거리고 있는데, 그깟 다리를 다친다 한들 무슨 상관이었겠는가. 숨이 턱까지 차오를 정도로 산을 누빈 기나긴 고행 끝에 결국 주명은 나비를 손에 넣게 되었다. 결국 주명의 집념이 나비를 이긴 셈이다. 얼마나 재빠른 날갯짓으로 달아났는지, 석주명은 이 나비를 '지리산팔랑나비'라 이름 붙여주었다.[13]

나비박사 석주명의 성공키워드는 집중력과 집념이다. 그는 자연을 사랑했기에 집중력과 집념을 기를 수 있었다고 한다. 그 집념으로 평생 나비 연구에 매달렸고 존경받는 나비박사가 되었다. 지치면 죽고 미치면 산다. 미치면 미친다고 하는 말은 어떤 일에든 미친 듯이 몰두하면 결국 최고의 자리에 이르게 된다는 말이다. 미

13) 임상국, 『이슈인물 나비박사 석주명』, 이슈인물연구소

쳐 보자! 자신이 좋아하는 일에…. 끝까지 포기하지 않는 모습의 사람을 보면 눈물이 난다. 이유는 나도 할 수 있다는 생각을 떨칠 수 없기 때문이다.

하고 싶은 일을 만들어가는 사람

음악대학을 졸업한 어느 젊은이가 계속 음악을 하고 싶었지만 상황이 여의치 않아 일반기업의 홍보과에서 일하게 되었다. 출근 첫날부터 그는 고민에 빠졌다. 평생 음악만 공부하고 그 재능만 갈고 닦아왔는데, 회사에서 맡은 일은 음악과는 아무 관련이 없는 일이었기 때문이었다. 재능이 아깝기도 했고, 음악에 대한 미련을 버릴 수도 없었다. 게다가 이 회사에서 오래 머물면 머물수록 미래는 불투명해지고 결국 자신의 음악적 재능도 다 사라져버릴 것이 분명했다.

고민 끝에 그는 기왕에 다니게 된 회사를 나에게 어울리는 내 일이 있는 곳으로 바꿔보기로 결심했다. 그래서 그는 곧 상사에게 회사 홍보 활동의 일환으로 악단을 만들자고 건의했다. 마침 회사는 한창 사세를 확장시켜가는 시기였고 소비자들과의 소통을 증진시켜 회사와 제품의 이미지를 업그레이드 하고자 노력하는 중이었다. 그의 건의는 받아들여졌고 그는 쾌재를 부르며 단원을 모집하고 연습실과 악기를 마련하여 연습을 시작했다. 그는 악단의 실력을 최고 수준으로 끌어올리기 위해 노력했다.

시간이 흐르면서 악단은 점차 틀이 갖춰졌고 연주 실력도 월등히 향상되었다. 2년이 지난 후에는 그 도시에서 가장 수준 높은 연주를 하는 악단으로 인정받을 정도였다. 악단의 실력은 내로라하는 유명 오케스트라의 능력과 엇비슷하여 서로 견줄 만했고, 그는 그 지역 일대에서 가장 훌륭한 지휘자가 되었다.[14]

　지금 미국에서는 '대학 졸업장이 종이 한 장의 가치로 전락하고 있다.'라는 기사가 나오고 있다. 자격증이나 학위보다 내 능력을 온라인에서 드러내 보이고 좋은 반응을 얻을 줄 아는 '소셜 퍼포먼스 리뷰'가 더 중요한 능력이라는 것이다. 이것이 내가 좋아하는 일을 미래로 만드는 방법이다. 위에서 말한 젊은이도 전공과 하는 일이 다름에도 불구하고 어쩔 수 없는 환경을 뛰어 넘어, 자신이 가졌던 꿈을 끝가지 포기하지 않은 노력과 지혜가 돋보인다.

　이현세는 우리 만화계를 대표하는 아이콘이다. 1982년 〈공포의 외인구단〉에서 보여줬던 주인공 까치의 열정과 외사랑은 당대의 젊은이가 지녀야 할 가치였고, 패배자들의 재기 드라마는 각박했던 그 시절의 날개였다. 그는 어렸을 때부터 화가가 되는 것이 꿈이었다. 그러나 고3때 신체검사에서 색맹이라는 판정을 받았다. '화가가 되고 싶은데 색을 제대로 볼 수 없다니!' 그는 한동안 방황했다. 설상가상으로 집에 돈이 없어서 밥을 먹을 수 없게 되자 일단 돈을 벌어야 된다는 생각으로 그는 은행에 취직을 했다.

----

14) 수이사오밍, 『인생에 꼭 필요한 열두 가지 자본』, 씨앗을 뿌리는 사람

"아니, 지금 뭐하시는 겁니까? 전표에 낙서를 하다니, 제정신입니까?"

그는 일하는 내내 어떻게 표현하면 좋을지, 그림에 대한 생각만 하다가 그만 은행에서 잘리고 말았다. '안 되겠다. 좋아하는 일을 해야지, 관심 없는 일을 계속할 수 없겠구나.'

그는 만화를 그리기 시작했다. 만화는 단색이기 때문에 색맹이어도 상관없었다. 그리고 마침내 우리나라 만화 역사에 한 획을 그은 주인공 〈까치〉를 창조했다.

그렇다. 이들은 자신이 좋아하는 일까지도 쉽게 포기하는 사람들에게 포기하지 않으면 성공의 문은 항상 열려 있다는 아름다운 교훈을 주고 있다.

인생에는 벚꽃처럼 일찍 피는 꽃도 있지만 늦가을에 피는 국화꽃도 있는 것이다. 기나긴 인생길에서 전반전에 무너졌다고 후반전이 없는 것은 아니다. 마지막 휘슬이 울릴 때까지 희망을 안고 끝까지 뛰는 용기와 지혜가 필요하다.

집념이 모든 것을 가능케 한다

멕시코 중서부 시에라 협곡에는 타라우마라 부족이 살고 있다. 미국의 그랜드캐니언에 비할 만큼 험준한 협곡에 사는 이 부족은 인류학자들의 연구 대상이다. 그들이 학자들의 눈길을 끈 것은 어디를 가든 걷거나 달리기 때문이다. 다른 부족은 말이나 당나귀를 타지만 이들은 굳이 발을 고수한다. 덕분에 달리기를 잘하는 부족으로 명성이 자자하다. 취미가 아니다. 타라우마라족에게 달리기는 먹고사는 방식이다. 그들은 사슴을 사냥할 때 달리기를 한다. 그렇다면 그곳에 사는 사슴은 달리기를 못할까? 아니다. 달리기 실력으로 따지면 사슴이 한 수 위다. 하지만 오래달리기로 하면 사정이 달라진다. 어떤 사슴을 점찍으면 그 사슴이 지쳐 쓰러질 때까지 쫓아가기 때문이다. 사슴 쪽에서 보면 지겨운 추격자다. 이 부족은 사슴이 시야에서 재빠르게 사라져도 걱정하지 않는다. 발자국을 찾아내 추격하기 때문이다. 이렇게 쫓아가면 대개 사슴들은 꼬박 하루 정도 달리다가 결국 포기하고 만다. 지치기도 하지만 발굽이 완전히 닳아 뛰지 못하는 것이다. 지독한 사냥법이다. 시베리아 가나산족도 순록을 잡을 때 이런 지독한 사냥법을 사용한다.

그렇다. 이 세상의 그 어떤 것도 집념을 이길 수 없다. 재능도 아니다. 재능은 있어도 성공 못한 사람이 너무도 흔하다. 천재성도 아니다. 인정받지 못한 천재는 웃음거리가 되기 쉽다. 교육도 아니다. 교육을 받고도 낙오한 사람이 넘친다. 목표와 집념만이 모든 것을 가능케 한다.

마가렛 미첼은 다리 부상으로 인해 기자 생활을 그만 두고 소설을 쓰기 시작하여 7년 동안 한 권의 소설을 완성시켰다. 그러나 무명작가의 작품을 받아 주겠다는 출판사는 한 군데도 없어 그녀는 3년 동안이나 출판사로부터 외면을 당했다. 그러던 중 그녀는 막 출장길에 오르려던 맥밀런 출판사의 레이슨 편집장에게 소설을 읽어 달라고 간청했다. 미첼의 원고를 정거장에서 마지못해 받아들긴 했지만 레이슨 편집장 역시 무명작가의 원고에 흥미가 없기는 마찬가지였다. 그런데 그는 출장 중에 미첼로부터 소설을 읽어 달라는 간절한 내용의 전보를 세 통이나 받았다. 두 번째의 전보를 받았을 때까지도 원고를 읽지 않았지만 결국 그는 작가의 집념에 가까운 청을 거절할 수 없어 돌아오는 길에 그녀의 소설을 읽었다. 그리고 그는 기차가 도착역에 이르는 것도 모를 정도로 소설에 푹 빠져 버렸고 즉시 미첼의 소설을 출판하였다. 마가렛 미첼의 소설 『바람과 함께 사라지다』는 이렇게 해서 세상 빛을 보게 되었다.

무슨 일을 하든 타라우마라 부족처럼, 미국의 소설가 마가렛 미첼처럼 집념을 가지고 끈질기게 하면 된다. 『바람과 함께 사라지다』는 역사 소설로 퓰리처상賞을 받았으며, 발간 후 즉시 영화화되어 아카데미 작품상을 비롯하여 8개 오스카상을 받았다. 집념執念이란 '한 가지 일에 매달려 정신을 쏟음'을 말한다.

당신은 무엇에 집념하고 있는가?

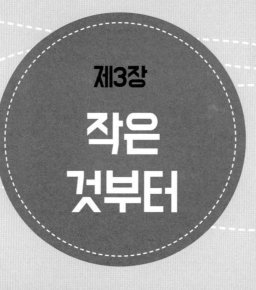

제3장

작은
것부터

★

아름드리 큰 나무도 터럭 끝만 한 씨앗에서 싹이 트고,
아홉 층 높은 집도 낮은 바탕이 있은 다음에 세워지며,
아무리 복잡한 일이라도 사소한 것에서 비롯되고,
그지없이 큰일도 지극히 작은 일 때문에 일어난다.

-노자-

디테일의 힘

Detail의 힘

왕중추가 쓴 『디테일의 힘』이란 책에는 이런 이야기가 나온다. '사실 면접에서는 당신 성적이 지원자 가운데 가장 좋았습니다. 하지만 이력서에 문제가 있었죠. 당신의 구겨진 이력서를 보신 사장님께서 이력서 하나도 제대로 간수하지 못하는 사람이 한 부서를 관리할 수 있겠느냐고 하시며 당신을 탈락시켰습니다.'[1]

이처럼 1%의 실수가 실패를 부를 수 있다. 실력은 디테일에서 드러난다. 반면에 한 지원자가 면접관에 들어서는 순간 바닥에 종

----

1) 왕중추, 『디테일의 힘』, 올림

이뭉치 하나가 떨어져 있었다. 그 지원자는 눈에 들어온 종이 뭉치를 휴지통에 넣으려는 순간 면접관이 종이를 펴보라고 해서 펴보았는데 그 종이에는 '회사에 입사하였다.'고 적혀 있었다. 다른 지원자들은 그 종이뭉치를 무시하고 면접에만 신경을 썼지만 그 지원자는 그 작은 종이뭉치로 인해 회사에 합격하게 되었다. 디테일의 부등식은 '100-1=0'으로 공들여 쌓은 노력도 작은 1%의 실수가 100%의 실수를 부를 수 있다는 걸 잘 보여주고 있다.

그런 점에서 대만 최고의 부자인 왕융친 포모사 회장의 경우가 디테일에 강한 사람으로 우리들에게 큰 교훈을 준다. 그는 가난하여 학교를 다니지 못하고 일찍 장사를 시작하였다. 16살 나이에 고향을 떠나 객지로 가서 먼저 쌀가게를 열었다. 그러나 구석진 곳에 있는 그의 가게로 손님이 찾아오지 않았다. 가게를 연 후 파리만 날리고 있을 때에 그는 골똘히 생각했다. 어떻게 하면 손님들이 오게 할 수 있을까를 곰곰이 생각하였다. 그는 네 가지를 실천하였다.
첫째는 쌀에 섞인 돌과 이물질을 깨끗이 골라내어 질을 높였다.
둘째는 쌀이 무거운 상품인지라 고객들 가정까지 직접 배달해 드렸다.
셋째는 고객들 가정으로 가서 쌀독에 쌀을 붓기 전에 먼저 깨끗이 청소를 해 드리고 쌀을 부었다.
넷째는 가난한 집에는 먼저 쌀을 배달하여 드린 후 나중에 갚게 해 드리는 외상판매의 편의를 베풀었다.

이와 같은 소문이 나면서 이 가게는 사람들이 몰리기 시작했고, 크게 성공하는 사업가가 되었다. 왕융칭 회장은 디테일한 부분을 철저히 관리하여 성공에 이른 대표적인 인물로 알려져 있다. 한번은 주위 사람들이 그에게 "세세한 일들은 아랫사람들에게 맡기고 큰일에만 전념하시지요." 하고 권하였다. 그는 다음과 같이 답하였다.

"나는 큰일에도 관심을 가지지만 세부적인 일에 더 심혈을 기울입니다. 세부적인 일을 연구하고 개선하여 2명이 하는 일을 한 명이 하면 생산성이 2배로 오르는 것이고 한 사람이 2대의 기계를 작동할 수 있다면 생산력이 4배로 늘어나지 않겠습니까?"

보잘것없이 작거나 적은 일에 지나치게 집착하는 것도 어리석은 일이지만, 사소한 것을 무시하는 것 또한 큰일을 망치는 어리석은 일이다. 늘 작은 것에 힘써라! 작은 일이 큰일을 이루게 하고 디테일이 완벽을 가능케 한다.

옛날, 신문 투고란을 통해 간디에 대한 불만을 늘어놓은 사람이 있었다.

"당신처럼 유명하고 위대하신 분이 정치나 경제의 대개혁이 필요한 이렇게도 중요한 시기에 왜 입만 열면 현미, 채식이 어떻고 물레를 돌리자는 등 작은 일에만 급급하십니까?" 이 투고에 대해 인도 독립의 아버지이며 위대한 영혼이라는 뜻의 마하트마 간디는 이렇게 대답했다.

"그럼 당신은 그러한 대개혁이 일어날 때까지 앞마당 청소나 저녁식사 준비는 하지 않고 사실 생각이신가요? 당신이 말하는 대개혁은 중요한 일일지도 모릅니다. 하지만 자기 자신의 주변에 있는 자그마한 개혁조차 이루어내지 못하는 사람이 과연 정치나 경제 대개혁을 이룰 수 있을까요?"

그렇다. 작은 일을 소홀히 하는 사람에게 큰일은 주어지지 않는다. 10km 달리기에서도 완주하지 못한 사람에게 마라톤 풀코스를 달리게 하는 것은 어리석은 일이다. 국가대표 선수를 선발하는 일도 크고 작은 대회에서 우승을 한 사람에게 기회가 주어진다.

한 걸음, 한 걸음이 답이다

1

1959년 티베트에서 중국의 침략을 피해 여든 살이 넘은 노스님 한 분이 히말라야를 넘어 인도에 왔다. 그때 기자들이 놀라서 노스님에게 물었다.

"스님, 어떻게 그 나이에 그토록 험준한 히말라야를 아무 장비도 없이 맨몸으로 넘어올 수 있었습니까?"

그 노스님의 대답이었다.

"한 걸음, 한 걸음, 걸어서 왔지요."

2

스물아홉 살의 미국인 마크 웰먼은 미국 캘리포니아 주에 있는

975m의 암벽 엘카피탄에 오르는 데 성공했다. 등반 성공이 특별한 이유는 그가 하반신 마비가 된 장애인이라는 점 때문이다. 웰먼 씨는 1982년에 등산을 하다가 암벽에서 떨어져 허리 아랫부분이 완전히 마비됐다. 이 정도 사고라면 쉽게 인생을 포기하겠지만 그는 좌절하지 않았다. 수차례의 반복 훈련을 통해 몸을 움직일 수 있었고, 한 번에 조금씩 올라간다면 과거처럼 산을 정복할 수 있다고 확신했다. 그러고는 계획에 따라 철저히 준비했다.

엘카피탄 등반에 나선 그는 친구가 암벽에 걸어준 로프를 잡고 1천 미터의 암벽을 올랐다. 오직 팔의 힘으로만 올라간 것이다. 그는 한 번에 15센티미터씩 자기 몸을 끌어올렸고, 그렇게 7천 번을 당겼다. 9일 동안 40도를 오가는 폭염에서 정상 정복에 성공한 뒤, 보통 사람도 힘든 암벽 등반을 어떻게 성공할 수 있었느냐는 기자들의 질문에 그는 말했다.

"한 번에 딱 15센티미터씩만 오르면 됩니다."

1 '천 리 길도 한 걸음부터'의 뜻은 아무리 큰일이라도 그 첫 시작은 작은 일부터 비롯된다는 말이다. **2** 불가능해 보이는 인생의 암벽도 마찬가지이다. 처음부터 좋은 결과가 따르는 것이 아니라 꾸준히 열심히 한 사람만이 좋은 결실을 거둘 수 있다는 말이다. 멀고 높게만 느껴지는 인생의 암벽이 어렵게 생각되고 힘들어 보이는가? 자신의 속도로 한 걸음 한 걸음, 한 번에 딱 15센티미터씩만 계속하여 앞으로 나아가겠다고 결심한다면 세상에서 이루지 못할 일은 없다.

아름드리 큰 나무도 터럭 끝만 한 씨앗에서 싹이 트고, 아홉 층 높은 집도 낮은 바탕이 있은 다음에 세워지며, 아무리 복잡한 일이라도 사소한 것에서 비롯되고, 그지없이 큰일도 지극히 작은 일 때문에 일어난다고 한다. 차근차근 한 걸음, 한 걸음 내딛다 보면 벌써 저만큼 가 있다. 이것이 작은 것 같아 보이는 것을 실행에 옮기는 사람만이 얻을 수 있는 성과이다. 방향을 잘 정하고 꾸준히 가면 된다. 인생에서 포기하지 않고 계속하는 것을 능가하는 재능은 없으며, 계속하는 힘이야말로 목표에 도달하는 성공의 핵심이다.

그렇다. 책읽기를 목표로 한다면 쉬운 책, 쪽수가 적은 책부터 시작하는 것이 좋다. 달리기를 목표로 한다면 걷기부터 시작하라. 단 10분, 1시간이어도 좋으니 매일 실천하는 습관을 가져야 한다. 나 역시 독서는 한 권의 동화책 읽기에서 시작되었고, 마라톤 42.195km, 울트라 100km, 한반도횡단 308km 완주는 걷기에서 시작되었다. 꿈과 목표를 이루고 싶나요? 그렇다면 기본에 충실하며 오직 한 걸음 한 걸음 앞으로 나아감이 답이다.

작은 일에 충실하라

마더 테레사 수녀는 말한다.

"작은 일들에 충실하십시오. 당신을 키우는 힘은 바로 거기에 있습니다."

왜 성공하는 사람보다 그렇지 못한 사람들이 더 많을까? 왜 사람들은 성공을 바라면서도 실패로 인생살이를 끝내는 사람들이 많을까? 누구든지 자신의 삶이 진정한 성공으로 이어지려면 3가지 기본을 갖추어야 한다.

첫째는 작은 일에 정성을 쏟아야 한다.

둘째는 바닥을 중요하게 생각하고 기초를 확실히 다져야 한다.

셋째는 먼저 내면을 충실히 한 후에 외면으로 나가야 한다.[2]

그렇다. 곧 작은 일부터, 기초부터, 내면부터 충실히 다진 후에 큰일을 도모하여야 한다. 큰일이 작은 일보다 중요한 것 같지만 큰일은 결국 작은 일로부터 시작되어 큰일이 되기 때문에 작은 일을 소홀히 하면 큰일을 이룰 수가 없는 것이다.

'바늘구멍 새는 물이 천 리 둑을 무너뜨리고, 성냥개비 한 개가 큰 산을 불태운다.' 작은 일을 무시하고 소홀히 여김으로 후에 손을 쓸 수 없는 막대한 손해를 입는 것이다. '호미로 막을 것을 가래로 막는다.'는 속담도 이를 두고 하는 말이다. 이처럼 작은 일은 큰일의 첫걸음으로 인식하는 것이 중요하다. 사람들의 타고난 재능이나 체력에는 별 차이 없이 거의 비슷하다. 눈에 잘 보이지 않는 작은 일에 대한 관찰과 배려하는 실천이 성공과 실패를 판가름한다.

평안북도 어느 마을에 아주 똑똑한 청년이 있었다. 집이 가난해 남의 집 머슴살이를 했다. 그는 자신의 처지를 비관하거나 낙심하

---

2) 김진홍, 「김진홍의 아침묵상」, 잉크코퍼레이션

지 않고 열심히 일하며, 매일같이 주인의 요강尿缸을 정성스럽게 닦아놓았다. 청년 머슴의 성실함을 본 주인은 머슴살이를 하기엔 너무 아깝다고 생각해 학자금을 주어 평양에 있는 숭실학교에 보내 공부시켰다. 마침내 청년은 우수한 성적으로 졸업한 후 고향으로 내려와 오산학교 선생님이 되었다. 이 청년이 바로 민족주의자요, 독립운동가로 유명한 조만식 선생이다. 그는 사람들이 성공비결을 물을 때, '요강 잘 닦는 사람이 돼라.'고 했다. 즉, '작은 일을 소중히 다루라.'는 뜻이다.

시작의 첫 단추를 잘 끼워야만 마지막 단추까지 잘 끼울 수 있듯이, 작은 일을 성공적으로 잘 감당하는 것은 더욱 큰일을 도모할 수 있다. 성공한 사람들에게 공통된 한 가지 특성이 있다. 그것은 큰 것도 볼 줄 알고 작은 것도 볼 줄 안다는 것이다. 크게 보면서 작은 일에도 세심한 관심을 기울일 줄 아는 사람이다. 우리는 쉬운 일이니까 하찮게 여기고, 작은 일이니까 대충하는 마음과 행동이 자리하고 있지 않았나를 돌아보고 반성하여야 한다. 이와 같이 쉽고 작은 일을 어떻게 감당하느냐에 따라 성과는 확연히 다르게 나타날 것이다. 당신은 하고 있는 일이 어떤 성과를 내었으면 하는가?

당신이 생각하는 작은 일이란 무엇인가?
당신이 생각하는 큰일이란 무엇인가?

못 하나가 없어서 나라가 망했다

못 하나가 없어서 말편자가 망가졌다네,

말편자가 없어서 말이 다쳤다네,

말이 다쳐서 기사가 부상당했다네,

기사가 부상당해 전투에서 졌다네,

전투에서 져서 나라가 망했다네.

단지 못 하나가 없어서 나라가 망했단 말일세.

다양한 버전으로 구전되어 내려오고 있는 15세기 영국 민요 〈For want of a nail(못 하나가 없어서)〉의 가사이다.

이와 비슷한 일화로 나폴레옹이 한 전투에서 패전한 후 그 원인을 알아보니, 한 기병대가 늦게 도착하여 작전에 차질이 있었음을 알아냈고, 그 대대가 늦어진 것은 소속 중대 중 한 중대가 늦어진 때문이요, 그 중대가 늦어진 것은 소속 소대 중 하나가 늦어진 까닭임을 알아냈다. 그것은 결국 한 분대장이 탄 말의 발굽에 나사가 빠진 것이 원인이었고, 결국 작은 못 하나를 소홀히 한 것이 패전의 쓴 잔을 마시게 한 것이었다.

이런 일은 지금도 세계 곳곳에서 일어나고 있다. 2003년 2월 1일, 우주에서의 임무수행을 마치고 지구로 귀환하던 우주왕복선 콜롬비아호는 대기권 진입 후 폭발하는 사고를 당한다. 이로 인해 탑승했던 승무원 7명이 모두 숨졌다. 이륙 시 아주 작은 발포제 조각이 주 날개와 충돌해 귀환할 때 그 자리에서 폭발이 일어난 것이 참사 원인이었다. 사고 후 NASA에서는 이렇게 발표했다. '우리가 만든 가장 정밀한 기계가 아주 조그만 발포제 조각 때문에 산산조각났다.'

그렇다. 어려운 것을 도모하려면 쉬운 것에서 시작하고, 큰일을 하려면 사소한 일부터 시작하라. 천하의 어려운 일은 반드시 쉬운 데서 이뤄지고, 천하의 큰일은 반드시 사소한 데서 이뤄진다. 큰 것은 누구나 신경 쓰기 마련이지만 작은 것에는 소홀하기 마련이다. 그러나 작은 것 속에 원인과 결과가 있는 것이다.

특히 사람과 사람 사이에는 아주 작은 차이가 존재한다. 그러나 이 작은 차이가 엄청난 격차를 만들어낸다. 여기서 작은 차이는 '마음이 적극적인가, 소극적인가.'이고 엄청난 격차는 '성공하느냐, 실패하느냐.'이다.

작은 친절이 가져온 행운

폭우가 쏟아지던 어느 날 밤, 차를 몰고 가던 노부부가 호텔의 객실을 구하지 못한 채 필라델피아의 허름하고 작은 호텔을 찾았다.

"예약을 못 했는데 혹시 방이 있습니까?"

"잠시만 기다려 주시겠어요?"

자신의 호텔에 빈방이 없던 직원은 다른 호텔에도 수소문 해봤지만, 도시 행사로 어느 곳 하나 빈방이 없었다.

"죄송합니다만 빈 객실이 없습니다. 하지만 비바람도 치고 밤도

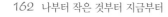

늦었으니 제 방에서 묵는 것도 괜찮으시다면 내어 드리겠습니다.”

노부부는 종업원의 방에서 하룻밤을 머물고 다음 날 호텔을 나서며 고마움에 방값의 3배를 건넸으나 그는 자신의 방은 객실이 아니므로 받을 수 없다며 극구 사양했다. 그로부터 2년이 지난 어느 날, 여전히 그 호텔에서 성실히 일하고 있던 직원에게 뉴욕행 항공권과 초대장이 전달되었다. 자신의 방에서 묵었던 노부부에게서 온 것이었다. 휴가를 내고 노부부를 방문했던 그에게 노신사는 최고급으로 만들어진 호텔을 가리키며 말했다.

“당신을 위해 이 호텔을 지었소. 이 호텔의 경영인이 돼 주겠소?”

당시 세계 최대 규모의 호텔로 알려진 월도프 아스토리아 호텔, 이 호텔의 초대 경영자로 세계 굴지의 호텔 체인을 이룩한 조지 볼트의 유명한 일화이다.

작은 친절이 가져온 행운은 이런 것이다. 또 다른 이야기를 소개한다.

미국 네바다 주 사막의 한 복판에서 낡은 트럭을 끌고 가던 ‘멜빈 다마’라는 한 젊은이가 허름한 차림의 노인을 발견하고 차를 세웠다.

“어디까지 가십니까? 타시죠!”

“고맙소, 젊은이! 라스베가스까지 태워다 줄 수 있겠소?” 어느덧 노인의 목적지에 다다르자, 부랑자 노인이라고 생각한 젊은이는 25센트를 노인에게 주면서 말했다.

"영감님, 차비에 보태세요."

"참 친절한 젊은이로구먼. 명함 한 장 주게나." 젊은이는 무심코 명함을 건네주었다.

"멜빈 다마! 이 신세는 꼭 갚겠네. 나는 하워드 휴즈라고 하네."

얼마의 세월이 지나 이 일을 까마득히 잊어버렸을 무렵 기상천외한 사건이 벌어졌다. '세계적인 부호 하워드 휴즈 사망' 이런 기사와 함께 유언장이 공개되었는데 하워드 휴즈가 남긴 유산의 16분의 1을 멜빈 다마에게 증여한다는 내용이었다. 멜빈 다마란 사람이 누구인가? 아는 사람은 아무도 없었다. 유언장 이면에 멜빈 다마는 하워드 휴즈가 일생 동안 살아오면서 만났던 가장 친절한 사람으로 기록되어 있었다.

친절한 사람! 이것이 유산을 남겨주는 유일한 이유였다. 하워즈 휴즈의 유산 총액이 25억 달러 정도였으니 유산의 16분의 1은 최소한 1억 5,000만 달러, 우리 돈으로 대략 2,000억 원가량이었다. 무심코 베푼 25센트가 6억 배가 되어 되돌아온 것이다. 하워드 로바드 휴즈 2세는 〈무법자〉, 〈지옥의 천사들〉, 〈마카오〉 등을 연출한 영화감독이자 〈스카페이스〉, 〈특종기사〉 등의 제작자이다. 또한 그는 비행사, 공학자, 세계적인 부호이자 자선가였다.

누가 알아주기를 바라면서 열심히 일하는 것은 자칫 자신의 영혼을 다치게 할 수도 있다. 이는 남을 도와주면서 뭔가를 바라는 것과 같다. 도와달라고도 하지 않았는데 도와주고서는 그에 대한 보답을 하지 않는다고 화를 내는 것과 같다. 작은 계산도 하지 않고 최선을 다할 때 보답의 신이 반드시 당신을 찾아내 그에 합당한 선물을 줄 것이다. 모든 일은 나름대로의 가치를 지니기 때문에 어떤 일에서나 최선을 다해야 한다. 그렇게 하면 누군가 나를 지켜봐 준다.

그렇다. 작은 일과 보이지 않는 일에 최선을 다하는 삶, 그것이 기쁨이 되고 즐거움이 될 때 삶은 상상하는 것보다 즐거워진다. 작은 친절이라도 진심을 다해 베풀면 그 보답은 어떤 형태로든 자신을 찾아오기 마련이다. 최선을 다하면 보답의 신이 응답한다. 다른 사람에게 친절하고 관대한 것이 자기 마음의 평화를 유지하는 길이요, 남을 행복하게 할 수 있는 사람만이 행복을 얻을 수 있다고 한다.

요즘 현대인들은 전화로 직접 통화하는 것보다 문자로 소통을 많이 한다. 내가 문자를 100명에게 보내면 답장을 주는 사람은 10% 미만이다. 그때 "문자를 받아보았겠지." 생각하면서도 "확인하지 않았다면 어떻게 하지." 하는 염려가 살짝 된다. 다행히도 나에게는 지인으로부터 문자가 오면 '넵, 수고 & 감사, Have a good day. 이모티콘 등' 짧지만 즉시 답장을 보내는 습관이 있다. 답장을 보내는 나는 문자를 준 사람에게 내 마음과 생각을 전하여 좋고, 받는 이도 상대의 의중이 파악되어 고마워하리라 본다. 작은 친절이 큰 울림이 된다.

당신은 지금 만나고 있는 사람들에게 친절한가?

02

기회는 준비된 자에게 온다

준비된 우연

그는 오랫동안 일했지만 돈을 많이 벌지 못했다. 매일 저녁 일이 끝나면 카페에 죽치고 앉아 있었다. 그 당시에는 스마트폰도 없었고 컴퓨터도 흔치 않았기에 시간을 죽이기 위해 그는 그림을 그렸다. 그는 몇 년 동안 엄청난 양의 스케치북을 작은 펜 하나와 잉크로 채웠다.

1997년 12월 크리스마스를 일주일가량 앞둔 어느 날 저녁, 그는 언제나처럼 카페로 갔다. 의자를 바 쪽으로 당겨 앉는데 갑자기 스케치북을 집에 두고 왔다는 생각이 났다. 집에 돌아가기 귀찮았던 그는 주머니에 들어 있던 옛날 명함을 몇 장 꺼내어 그 뒷면에 그림을 그리기 시작했다. 얼마 지나지 않아 명함 그림이 제법 익숙해지자 그는 문구점에 가서 500장들이 빈 명함 한 박스를 주문했다. 아무것도 쓰이지 않은 백지 종이 말이다.

그는 이후 명함 그림에 주력하기로 마음을 먹고는 몇 백 장 정도 그리면 근사한 시리즈가 될 것 같다고 생각하며 계속 그렸다. 이후 인터넷의 확산과 더불어 블로그 혁명이 시작되었고 그는 이를 십분 활용했다. 그리고 블로그와 소셜 미디어의 힘을 이용해 자신만의 명함 그림 취미를 수백 만 달러짜리 사업으로 만들었다.[3] 필립 코틀러 외 3인이 쓴 『준비된 우연』에 실린 미국의 유명한 카투니스트 휴 매클라우드의 이야기이다.

그렇다. '노력하는 사람에게 기회는 온다. 그리고 준비된 사람만이 그 기회를 잡을 수 있다. 훈련이 계속되고 몸이 피곤해지면 하루쯤 쉬면 안 될까 하는 생각이 들곤 한다. 하지만 하루를 쉬면 그만큼 다음 날 해야 하는 훈련 양이 많아진다. 미리 준비하지 않으면 기회는 다가오지 않는 법이다. 그것이 내가 하루도 쉴 수 없는 이유이다. 언젠가는 그들도 한번쯤 쉴 것이고 그때 내가 쉬지 않고 나아간다면 차이는 조금이라도 줄어들 것이다. 중요한 것은 내가 쉬지 않고 뛰고 있다는 것이지 그들이 내 앞에 있다는 사실이 아니었다.'[4] 박지성은 『멈추지 않는 도전』에서 말하고 있다.

---

3) 필립 코틀러 외 3인, 『준비된 우연』, 다산3.0
4) 박지성, 『멈추지 않는 도전』, 랜덤하우스코리아

〈포브스〉, 〈타임〉 선정 세계 4위 부호이자 세계에서 가장 영향력 있는 기업인, 고정관념과 편견을 무너뜨리고 비즈니스의 판도를 바꾼 21세기 가장 성공한 사업가 알 왈리드는 말한다. '도전이 기회를 만들고, 기회가 기적을 만듭니다.' 세계적 수준에서 워런 버핏과 실현 가능한 경쟁을 할 수 있는 사람이 있다면 알 왈리드다.

비서구인으로 월스트리트를 점령하며 25년간 해마다 25퍼센트 수익률을 올린 투자의 신, 알 왈리드의 비즈니스 전략은 '철저히 연구하고 때를 기다렸다. 괜찮은 선택이 아닌 훌륭한 선택을 하였다. 결정했으면 신속하게 협상하였다. 신뢰하되 검증하였다. 문제가 기회가 될 수 있었다. 가장 작은 것까지 놓치지 않았다.'이다.

그는 하루 18시간을 일을 하는데 새벽 5시에 잠들어 10시에 일어나는 생활이라고 한다. 하루 일정이 얼마나 빡빡한지 수행하는 사람들이 지칠 지경이고, 신문과 TV의 뉴스를 늘 보고, 독서를 하며, 사막에서 사색도 한다. 왕족으로선 이례적으로 자수성가한 억만장자 알 왈리드. 그는 꿈을 찾는 당신에게 그가 열정의 온도, 도전의 온도, 실천의 온도를 묻는다. 당신 인생의 온도는 몇 도입니까?[5]

준비된 사람이 기회를 얻는다

영화 〈원챈스〉는 자신에게 주어진 단 한 번의 기회를 잘 살려 그가 가진 천부적인 소질로 모든 사람들이 부러워할 대회의 우승자

---

5) 리즈 칸, 『알 왈리드, 물은 100도씨에서 끓는다』, 김영사

가 된 폴 포츠라는 사람의 일대기를 다룬 드라마다. 하지만 전체적인 내용을 살펴보면 그가 우승을 하게 된 이면을 보면 그저 운이 좋아 로또에 당첨된 것처럼 생각할 수 없음을 알게 된다. 어린 시절부터 노래 부르기를 좋아했고 준비도 철저히 한 결과물이라는 것을 알게 된다.

그렇다. '행운은 준비된 자에게만 미소 짓는다.' 무슨 일에든 준비가 철저하게 이루어져야 한다. 백 번을 이야기해도 지나친 말이 아니다. 단체 여행을 가기 전 갈 곳을 사전 답사하는 일, 각종 발표회를 갖기 전 프레젠테이션을 반복 연습하는 것, 주요 행사를 하기 전 리허설(rehearsal, 예행연습)을 하는 것 등은 매우 중요하다. 준비를 소홀히 하면 실수가 있기 마련이다. 치열한 경쟁 속에서 살아남으려면 시간을 할애하고 열정을 쏟아 철저한 준비를 해야 한다. 잠언에 '지혜는 성문에서 일찍 기다리는 사람들을 만난다.'고 기록되었다. 지혜는 준비되고 그 음성을 듣기 위해 기다리는 사람과 만나 이야기할 것이다.

스티브 잡스는 대학 시절에 '캘리그래피' 수업을 들은 적이 있다. 그가 이 과목을 수강한 이유는 특별한 목적이 있어서가 아니라 단지 좋아했기 때문이다. 그런데 이 수업이 훗날 애플 컴퓨터 서체에 지대한 영향을 미쳐, 철자에 따라 크기가 달라지는 기법은 매킨토시만의 독특한 특징이 되었다. 그가 그 수업을 듣지 않았다면 이렇게 예쁜 폰트는 탄생하지 않았을 것이다.

그는 스탠퍼드 대학 졸업식 연설에서 말했다. '기발한 아이디어나 창조를 한 사람이 아주 우연한 기회에 그것을 만들어낸 것이 아니다. 준비하고, 또 준비를 하는 순간에 나타나는 것이 바로 아이디어이고 창조인 것이다.' 노벨생리의학상 수상자인 헝가리의 알베르트 본 센트 죄르지는 '발견은 준비된 사람이 맞닥뜨린 우연이다.'란 말을 남겼다. 준비되지 않는 사람은 준비된 사람을 이길 수 없다.

『지도 밖으로 행군하라』의 저자 한비야의 말이다. '세상의 꽃들도 활짝 피어나는 시기가 있는데 하물며 사람이 피는 시기가 없겠어요? 중요한 것은 꽃필 날을 위해서 준비하는 것입니다. 그때 활짝 필 수 있도록요. 이런 생각을 하지 않고 남들이 정해 놓은 시간표대로 뭔가 이뤄지지 않았다고 안달을 내면 정작 자신의 때에 제대로 피어날 수 없습니다.'

또 50대 중반 기자와의 인터뷰에서 '내 인생의 황금기는 끝났다며 퇴장 준비를 하는 사람들이 적지 않습니다. 그런데 어떻게 감히 그런 생각을 할 수 있어요? 50대에 어떻게 마무리 준비를 할 수 있느냐고요. 저는 인생은 지금부터라고 생각합니다. 50대, 축구로 따지자면 전반전 끝나고 후반전 5분 정도 지났을 뿐입니다. 모든 것은 후반전에 결정 나잖아요. 골도 후반전에 많이 들어가고요. 전후반에 결정내지 못하면 연장전도 있습니다. 승부를 가리지 못하면 페널티킥으로 결정합니다. 그때 모든 것이 결정날 수도 있어요. 가끔 가다가 재경기도 하더라고요. 저는 지금까지의 경험과 지식, 네트워크를 합쳐 50대에 활짝 필 것입니다. 책을 여러 권 썼는데 작가로서는 70대가 전성기일 수도 있어요. 지금까지는 설익은 것들이 많았습니다. 그때까지 인생을 잘 살면 더 깊은 이야기를 쓸 수 있을 것 같아요. 등산을 하다 보면 5부 능선에서 보는 경치와 7부나 9부 능선에서 보는 경치는 완전히 다릅니다. 인생도 마찬가지라고 생각됩니다.' 국제구호활동가 한비야는 나이로 인생을 판단하지 말라고 당부하고 있다.[6]

　우리가 가진 것은 오늘뿐이다. 오늘 할 일을 내일로 미루지 말라. 지금 가지고 있는 꿈과 끼를 정성껏 준비하고 마음껏 발휘해야 한다. 많은 사람이 기회가 오기를 기대하고 있다. 하늘은 모든 사람에게 공평한 기회를 준다. 단 한 번의 기회도 얻지 못한 인생은 없다. 기회는 모든 곳에서 사람을 기다리고 있다. 그러나 준비되지 않은 사람에게는 기회가 와도 아무런 의미가 없다. 무슨 일이든지 할 수 있는 준비가 된 사람에겐 기회가 찾아와서 머리를 숙이지만 아무것도 할 줄 모르는 사람은 기회가 비웃으며 지나가게 된다. 오늘 할 일을 미루지 말라. 그리고 자신이 원하는 것을 차근차근 준비하라.

　당신은 원하는 것을 얻기 위해 무엇이 준비되어 있는가?

----
6) 한비야, 『바람의 딸 걸어서 지구 세 바퀴 반, 지도 밖으로 행군하라』, 푸른숲

매사 버릴 게 없다

스릴러의 아버지 알프레드 히치콕. 그는 어릴 때부터 영화감독이 꿈이었다. 머릿속은 온통 만들고 싶은 영화들로 넘쳐났지만 그는 대학을 졸업한 뒤, 영화판으로 바로 들어가지 못하고 전선 케이블을 만드는 제조업체에 취직했다. 아버지가 병에 걸리면서 가족의 생계를 책임져야 했기 때문이다. 그는 그곳에서 무려 7년이라는 세월 동안 직장 생활을 했다. 밤에는 영화에 대한 꿈의 끈을 놓지 않으면서도 낮에는 그 누구보다 열심히 회사 제품 판매에 충실했다. 그는 보수는 조금 받더라도 부수적인 일은 더 많이 하겠다며 남들이 가기 꺼려하는 곳, 안 가는 거래처 등도 발 벗고 나섰다.

훗날 〈레베카〉로 아카데미 최우수 작품상을 수상한 자리에서 그는 이렇게 말했다. '무언가를 열심히 하는 습관을 들이면 그것은 분야를 떠나 통한다. 직장 생활을 하면서도 나는 꼼꼼하게 일했고, 그것이 영화 습작에 큰 도움이 되었다. 나는 거래처에서 만난 모든 인물들 속에서 영화 속 캐릭터를 빌려 왔다. 내 습작은 전선 케이블 판매에서 시작되었다.'

'겉보기에 매우 작아 보이는 일에도 최선을 다하라. 그 작은 일을 마치는 순간 우리는 그만큼 강해진다. 작은 일에 최선을 다하다 보면, 더 큰 일들은 자연히 해결된다.' 프랑스 소설가 앙드레 지드의 말이다. 뜻이 있는 곳에 길이 있다고 한다. 매사 버릴 게 없다는 마음가짐으로 주어진 일을 열심히 하다 보면, 꿈은 이루어진다.

그렇다. 습관 쌓기는 인내심 싸움이다. 좋은 습관은 당신의 인생을 바꿀 힘을 가지고 있다. 습관의 중요성은 모두가 아는 상식이지만 좋은 습관을 들이기란 쉽지 않다. 새로운 습관 들이는 데 정해진 시간은 없다. 작은 결과라도 만족하면서 하루 한 번 하던 것을 두 번으로, 하루 10분 하던 것을 20분로 늘려나가면 된다.

인생의 터닝 포인트

터닝 포인트를 잡아라

터닝 포인트가 불현듯 찾아왔을 때 그것을 인식할 수 있었던 비결은 무엇일까. 자신을 속여 온 거짓말에서 해방되기를 알게 모르게 꾸준히 연습한 결과다. 즉 인맥이 없다, 가방끈이 짧다, 생이 그렇다, 환경이 협조하지 않는다, 이미 다 해봤다, 성격이 받쳐주지 않는다 등 위축감을 주는 부정적인 말에서 하나씩 둘씩 자신을 베어내야 한다. 쉽고 안정되며 편안한 길을 제시하는 것이 부정적인 말의 속성이다. 그런 말에 익숙한 사람일수록 배추와 온갖 양념을 준비하고도 버무리는 과정을 버겁게 여긴다. 조금만 땀을 흘리면 맛있는 김치가 탄생하는데도 말이다. 인생에 전환점은 우연히 오기도 하지만 무언가 행동하고 있을 때 온다.

지금 당신은 인생에 찾아온 소중한 순간을 놓치고 있지 않는가?

세계적인 작가 마크 트웨인은 미국 플로리다의 빈농의 아들로 태어나 12살 때 아버지를 여의고 어려운 집안 살림을 돕기 위해 인쇄소에서 일했다. 어느 날, 그는 길거리에서 바람에 날리는 종이 한 장을 발견하고, 무심코 지나치지 않고 그 종이를 주워 단숨에 읽었다. 그것은 프랑스의 애국 소녀 잔 다르크가 애국 운동을 하다 체포되어 감옥에 갇혀 있는 내용으로 『잔 다르크전』의 일부가 적혀진 것이었다.

그 후 그는 고된 직공 생활을 하면서도 잔 다르크에 관한 책을 밤을 새워가면서 읽었으며 손에 넣을 수 있는 다방면의 책을 모조리 읽고 정리하여, 그의 나이 14세 때 『잔 다르크의 회상』이라는 책을 출간하였다. 이로써 인쇄공 직공이 아닌 작가 마크 트웨인으로 새로 태어났으며, 열정을 더한 노력을 거듭하여 끝내는 세계적인 대소설가가 되었다. 길거리에서 우연히 주운 종이 한 장이 인쇄공이던 그의 인생을 이렇게 바꿔 놓은 셈이다. 물론 여기에는 그의 독서와 인생에 대한 열정과 끊임없는 노력이 있었기에 가능했다. 기회는 뜯겨 버려진 낱장의 책처럼 우연히 찾아오기도 한다. 그렇게 찾아온 기회를 내 것으로 만들었기에 마크 트웨인처럼 세계적인 작가가 탄생할 수 있었던 것이다.

그렇다. 인생을 바꾼 터닝 포인트에는 몇 가지 중요한 공통점이 있다. 먼저 기회를 바라보는 관점, 똑같은 경험도 본인이 어떻게 받아들이고 어떠한 행동을 취하는지에 따라 터닝 포인트가 될 수도, 아닐 수도 있다. 또한 인생의 터닝 포인트를 잡을 준비가 된 사람만이 기회를 잡을 수 있는 법이다. 누구나 터닝 포인트를 알아보고 기회를 거머쥘 수 있는 것은 아니다. 끝없이 질문하고 도전하는 사람만이 우연을 필연으로, 필연을 당연한 결과로 이끌어낼 수 있다.

'정저지와井底之蛙'란 '우물 안의 개구리에게는 바다를 말해 줄 수 없다.'는 뜻으로 중국 고사 『장자』에 나오는 말이다. 내가 보는 세상이 가장 크고, 알고 있는 세상이 가장 위대하고, 뛰고 있는 시간이 가장 빠르다고 생각하는 사람이 많다. 자신이 우물 속에서 보는 하늘이 전부라고 생각하는 사람에게는 진짜 하늘을 설명할 수 없다. 우물 속에 있는 개구리에게는 바다에 대하여 설명할 수가 없다. 그 개구리는 자신이 살고 있는 우물이라는 공간에 갇혀 있기 때문이다. 또한 한여름만 살다 가는 여름 곤충에게는 찬 얼음에 대해 설명해 줄 수 없다. 다시 말하면 편협한 지식인에게는 진정한 도의 세계를 설명해 줄 수가 없다. 그 사람은 자신이 알고 있는 지식에 묶여 있기 때문이다.

장자는 이 고사를 통해 집착과 한계를 파괴하라고 충고하고 있다. '자신이 속해 있는 공간을 파괴하라, 자신이 살아가는 시간을 파괴하라, 자신이 알고 있는 지식을 파괴하라.' 즉 우물 안에 있는 개구리는 공간에 구속되어 있고, 여름 벌레는 시간에 걸려 있고 지식인은 지식의 그물에 걸려 있다는 것이다. 이렇듯이 우리들도 이 세 가지 촘촘한 그물에 걸려 있는 경우가 많다.

알량한 학벌과 지식으로 어느 누구의 말에도 귀 기울이지 않는 지식의 그물, 좁은 회사와 연줄에 얽혀 있는 공간의 그물, 눈앞의 이익만 생각하고 멀리 내다볼 줄 모르는 시간의 그물. 이런 그물들을 걷어내지 않는다면, 진정한 승자로 남기는 어렵다. 어려울 때일 수록 내가 보는 하늘만이 옳다고 하지 말고 다른 사람이 보는 하늘도 인정해주는 여유가 필요하다. '좋은 책을 읽지 않는 사람은 책을 읽을 수 없는 사람보다 나을 바 없다.' 마크 트웨인의 말이다. 인생의 터닝 포인트를 잡기 위해서는 먼저 관심 있는 일을 배워야 한다.

지금 당신의 손에는 어떤 책이 들려 있나요?

인생의 터닝 포인트

'사막은 생명이 태동한 곳이며 모든 종교의 근원지이다.'라고 말하는 독일의 탐험가 아킬 모어는 『당신에게는 사막이 필요하다』에서 지금 이 순간에도 나는 정확히 그날을 기억할 수 있다. 처음 사막을 향해 떠났던 그날, 벌써 35년이 흘러버린 바로 그날, 내 인생은 180도 바뀌어 버렸다.

아킬 모어의 나이 열일곱 살이었다. 6주 동안의 여름방학을 이용해 함부르크를 떠나 파리와 바르셀로나를 거쳐 북아프리카로 향하는 사막 여행이었다. 그 후 그는 아무것도 존재하지 않는 사막에서 태곳적 평안함을 경험했으며 사막을 영혼의 안식처로 삼고 오랫동안 전 세계의 거의 모든 사막을 여행하였다. 아프리카, 아시아, 아메리카, 호주, 유럽 등 전 세계의 모든 사막과 광야는 그를 초대하였고 그는 그 초대에 기꺼이 응했다. 그리고 그는 거기에서 인생의 의미와 희망과 용기를 배웠다.

인생의 터닝 포인트란 인생에서 기회를 만드는 또는 기회를 잡는 바로 그 지점을 말한다. 인생의 터닝 포인트, 여러분은 언제 인생의 터닝 포인트를 맞이했는가? 내가 아는 한 사람은 국영방송국의 사업국장이란 직급으로 안정된 자리를 그만 두고, PD가 되기 위해 생전 처음 대하는 AD 과정부터 열정을 불태운 결과 2년 만에 PD가 되었다. 이제 그는 새로운 프로그램을 기획하여 세계를 누비는 PD로 살아가고 있다. 새로운 물건이나 일을 잡기 위해서는 지금 잡고 있는 것을 놓을 수 있는 용기가 필요하다.

나의 인생 터닝 포인트를 가져온 것은 달리기와 독서이다. 터닝 포인트 1차 시기는 15년 전 첫 마라톤 풀코스를 3시간 20분에 완주한 사건이다. 달리기를 통해 나는 무엇이든 해낼 수 있다는 자신감이 200% 아니, 1000% 수직상승하였다. 터닝 포인트 2차 시기는 책을 읽기 시작하면서부터이다. 최근 6년 동안 2,000여 권의 책을 읽으면서 많은 변화가 있었다. 2015년 서울문학 아동문학부문에서 「그래, 우린 할 수 있어」란 글로 신인상을 받아 한국문단에 등단하게 되었다. 글에 재주란 눈곱만큼도 없던 사람에게 변화가 온 것이다.

그 후 '나부터·작은 것부터·지금부터' 먼저 행하라는 삶의 기본을 하나둘 실천, 나의 인생에 하지 않으면 안 될 일, 정말 좋아하여 평생 하고 싶은 일을 찾음으로 터닝 포인트를 맞이한 것이다. 지금은 앉으나 서나, 낮이나 밤이나 깨어 있는 동안은 책을 읽고, 좋은 글감을 모으고, 좋은 글쓰기에 온정신이 집중되어 있다. 잠자리에 들면 아침이 기다려지는 현상이 어릴 적 소풍가기 전날과 같은 설렘을 매일 경험하고 있는 것이다.

그렇다. 행함에는 열정을 바탕으로 한 집중과 인내의 모습이 있어야 한다. 예를 들면 우리가 발명품을 만들거나 새로운 발견을 했을 때, 끝없는 연구와 실패를 반복해서 하나의 멋진 이론, 발명품, 발견을 이룰 수 있다. 우리에게 그런 순수함의 열정이 없다면 시간 아깝고, 돈 안 되는 일에 무슨 이유로 실패만 거듭할까? 순수함의 열정이 있기에 발전이 있고, 더 멋지게 성장하는 것이다. 손가락이 없는 사람이 입으로 붓을 고정시켜 멋진 작품을 완성하는 모습도 다 순수한 열정이다. 끝까지 포기하지 않고 열정적으로 자신을 인내하고 더 발전시키며 삶의 보람을 얻는 것이다.

터닝 포인트 / 초월〈crescent〉

살다 보면 한 치 앞도 보이지 않고,
두려움 속에 서성일 때 우리는 어디로 갈까나.

질곡桎梏의 삶 속으로 되돌아 갈 수도
앞으로도 갈 수 없는 이 길.

멈춰 서 있는 발길 위에 봄이 오면

텅 빈 삶에도 꽃이 피려나.

가야 할 이 길이 행복幸福으로 가는 지름길이라면

우린 새로운 전환점轉換點이 될 거야.

우리 함께 가 볼까.

방탄조끼 회사를 차린 정육점 주인

윌리엄 리바인은 뉴욕 브루클린에서 정육점을 운영했다. 그는 매일 반복되는 무료한 생활 속에서 고기를 팔았다. 어느 날, 정육점에 강도가 들었다. 번 돈을 모두 빼앗긴 리바인은 큰 허탈감에 빠졌다. 가까스로 마음을 추스르고 재기했지만 불행은 그치지 않았다. 연이어 강도를 세 번 더 당한 것이다. 급기야 그는 방탄조끼를 입고 영업하기 시작했다.

그런데 이를 본 손님들이 자신들도 필요하다며 방탄조끼를 구해 달라고 부탁했다. 주문이 점점 늘어나자 그는 정육점을 정리하고 조그마한 방탄조끼 회사를 차렸다. 리바인은 정육점을 운영할 때와는 달리 방탄조끼 연구와 개발에 혼신의 힘을 다했다. 회사는 크게 성장해 어느새 세계 40개 도시에 지사를 세울 만큼 커졌다. 그는 회장으로 취임하던 날, 다음과 같은 연설을 했다.

'정육점을 운영할 때, 강도를 네 번이나 당했습니다. 그땐 내게만 이런 시련이 오는 것인가 한탄했지요. 하지만 마음을 굳건하게 다졌습니다. 그 단단한 마음가짐이 행운을 불러온 게 아닐까요.

그때 무기력하게 있었다면 지금도 나는 고기를 썰고 있었을 겁니다. 여러분, 위기를 만날 때마다 다음 갈 길의 등불을 얻으세요. 위기는 변화할 수 있는 값진 전환점입니다.'

철학자 쇼펜하우어는 우리는 역경에 처했을 때 흔히 '나는 어째서 이렇게 운이 나쁜가?' 하고 한탄하기도 하고 운명을 저주하는 말을 하기도 한다. 그러나 고귀한 인물은 가볍게 자기의 비운을 탓하거나 운명을 저주하지 않는다. 오히려 그 비운과 대결하거나 그것을 견디면서 자기의 진로를 개척하여 행복을 되찾는 사람이 적지 않다. 사람이 어떤 사람인가를 알기 위해서는 고난이 찾아왔을 때 어떻게 대처하는가를 보면 알 수 있다. 역경의 순간, 어떤 자세로 그것을 극복하는가에 따라 그의 됨됨이를 알 수 있는 것이다.

그렇다. '잔잔한 바다는 노련한 뱃사공을 만들지 못한다.'는 말이 있다. 역경에 능동적으로 대처하며 그것을 극복했을 때에 더욱더 강하고 성숙한 사람으로 성장하게 되는 것이다. 바람개비는 가만히 있으면 돌지 않는다. 가천길재단 이길여 박사는 말한다. '바람이 불지 않으면 사람이 뛰어다니며 바람을 일으켜야 돌아간다. 바람 부는 대로 바람에 실려 사는 게 아니라, 바람을 만들고 바람에 부딪히며 헤쳐 나가는 것이 이기는 삶이다.' 지금 당신이 걷고 있는 길이 고난의 길이라면 당당하게 맞서라. 고난을 극복했을 때에 성숙하게 될 당신의 모습을 그려보라.

창조적 사고는 현상유지를 거부한다

그는 보스턴 심포니 오케스트라에서 팀파니 연주를 하던 중 더 좋은 북채가 필요하다는 생각이 들었다. 시중에서 파는 북채에는 문제점이 많았다. 그래서 그는 자기 집 지하실에서 직접 북채를 만들어 팔기 시작했다. 그러던 어느 날, 북채 한 벌을 바닥에 떨어뜨렸는데 두 북채가 바닥에 부딪히면서 내는 음이 서로 다른 게 아닌가. 그때부터 그는 각 북채 쌍들의 수분 함량과 무게, 밀도, 음을 동일하게 만들고서 '완벽한 쌍Perfect Pair'이라는 문구를 내걸었다. 오늘날 그의 공장에서는 하루에 85,000개 이상의 북채를 생산하고 있으며, 그가 만든 북채는 시장의 62%를 점유하고 있다. 세계 최고의 북채(타악기 스틱) 생산 전문업체 빅 퍼스의 창업자 빅 퍼스의 이야기이다.

오리곤 주의 대학교 육상 코치 빌 바우어만은 더 가볍고 좋은 운동화의 필요성을 느껴 아내가 사용하는 와플 굽는 틀을 바라보다가 틀 속에 약간의 고무를 집어넣고 고무 와플을 만들었다. 그런 다음 그것을 잘라 신발의 밑창에 아교로 접착시켰다. 그리고 자신이 코치하는 팀의 선수들에게 그 신발을 나누어 주고는 그것을 신고 뛰어 보라고 하였다. 선수들의 반응은 좋았다. 수축이 잘될 뿐아니라 탄력도 훌륭하였던 것이다. 이 신발로 나이키는 세계 최대의 스포츠용품업체로 커다란 성공을 거두었다. 더 나은 나를 만들고 싶다면 창조성이 도움을 줄 것이다. 창조성과 혁신은 늘 함께한다.[7]

---

7) 신병철, 이용찬, 『삼성과 싸워 이기는 전략』, 살림

창조성은 문제보다 해결책을 찾는 것이다. 그리고 생각이 많을 수록 새로운 것을 배울 기회는 커진다. 창의성 연구의 선구자인 길 포드는 새롭고 신기한 것을 낳는 힘으로 창조적 사고를 말했고, 『생각의 혁명』의 저자 로저 본 외흐는 끊임없이 변화하고 발전하는 시대를 극복하고 새로운 가치를 찾아내는 데 창조적 사고가 반드시 필요하다고 했다. 이처럼 4차 혁명시대에 필요한 것은 결국 사람의 역량 즉 창조적 사고의 힘이다.

어느 시인이 이르기를 "시인은 손바닥에 한 알의 씨앗을 놓고 새 소리를 듣는다."고 하였다. 시인은 남다른 상상력을 통하여 씨앗 한 알을 놓고도, 그 씨앗이 자라 큰 나무가 되고 그 나무에 깃들인 새들의 소리를 듣는다는 것이다. 이런 상상력이 얼핏 보기에는 한낱 공상같이 여겨질지 모르지만 실제로는 이러한 상상력이 인간사에 몹시 중요한 역할을 한다. 한 개인이나, 공동체, 사회나 국가에 이런 상상력이 있고 없음에 따라 그 분위기가 완연히 달라진다.

나태주 시인은 「풀꽃」이란 시에서 이렇게 말한다. '자세히 보아야 예쁘다. 오래 보아야 사랑스럽다. 너도 그렇다.' 이와 같이 풀꽃도 사람도 물건도 배움도 깊은 관심을 가질 때 문제의식은 싹트고 발전을 거듭할 수 있다. 문제의식과 창조적 사고를 가지는 순간 그 안에 성공이 숨을 쉰다.

역경의 열매

우물에서 나오는 비결은?

어쩌다 우물에 빠진 당나귀가 슬프게 울부짖고 있었다. 마을 사람들은 그를 불쌍히 여겨 구해 주려 했으나 그것은 도저히 쉬운 일이 아니었다. 마을 사람들은 의논 끝에 당나귀도 늙었고 우물도 오래되어 샘도 잘 안 나는 형편이니 차라리 우물을 메워 버리자고 하는 것으로 의견의 일치를 보았다. 의견의 일치를 본 그들은 즉시로 흙을 퍼부어 우물을 메우기 시작을 했다. 얼마 후에 이제는 당나귀가 흙에 파 묻혀 죽었으려니 하는 순간 당나귀가 갑자기 후닥닥 밖으로 튀어 나오는 것이었다. 당나귀는 흙에 묻혀 죽은 것이 아니라 밖에서 퍼붓는 흙을 오히려 밟고 올라와 밖으로 튀어 나온 것이다.

삶은 당신에게 온갖 종류의 흙더미를 집어던진다. 우물에서 나오는 비결은 흙을 떨어뜨려 그것을 밟고 올라오는 것이다. 모든 문제들이 오히려 디딤돌이 되는 것이다. 포기하지만 않는다면 우리는 아무리 깊은 우물에서도 빠져나올 수 있다. 흙을 떨어뜨리고 그것을 밟고 올라설 수만 있다면 말이다.[8]

그렇다. 사람들이 살아가면서 겪게 되는 고난과 역경은 그 속에 매몰되면 숨조차 쉴 수 없는 어려움으로 작용하지만, 그것을 디딤돌로 삼는다면 전화위복轉禍爲福이 되는 것이다. 모든 삶의 뒤편에는 불행不幸이 행幸이 되고, 행이 불행이 되는 새옹지마塞翁之馬의 변화가 있다.

우물 속 같은 절망의 공간에서 오히려 불행을 이용하여 행으로 바꾸는 놀라운 기회가 있다. 중요한 것은 자신을 죽이기 위해 사람들이 던진 흙에 깔리지 않도록 끊임없이 털어내며 자신을 움직여야 한다. 현실을 탓하며 슬퍼하지 말고 자포자기하고 싶은 마음을 이겨내야 한다. 우물 안에는 당신 혼자만 있다. 오직 당신 스스로 일어나야 한다. 우물에서 탈출한 기쁨은 생애 최고의 기쁨이 될 것이다. 우리도 인생을 살아가는 동안에 가끔 함정에 빠질 때가 있다. 그럴 때 우물에 빠진 당나귀의 지혜가 필요하다.

사람은 누구나 올바른 길을 찾아야 해. 그 길은 눈에 보이지 않

----

8) 마벨 카츠, 『호오포노포노, 평화에 이르는 가장 쉬운 길』, 눈과마음

기 때문에 찾기가 힘들어 아무도 그 길을 보여 줄 수 없어. 각자 자기 힘으로 그 길을 찾아야 해. 우리 인생의 앞을 가로막는 그 어떤 난관에도 길은 있다. 난 책 속에서 길을 찾았다. 책 속에서 본이 되는 모델을 만났고 그들이 반복해서 외치는 소리를 들었다. 길이란 찾으면 반드시 보인다.

인내와 노력의 힘

빈틸터리 전쟁고아로 43번의 다리수술을 받으러 노르웨이로 간 한국인 이철호. 하루 한 끼 물에 불린 새 먹이용 빵이 유일했을 만큼 가난했고 혼자서는 걸을 수도 없을 만큼 불편한 몸을 가지고도 그는 '나를 마지막으로 모든 사람들이 배고파하지 않는 세상을 만들고 싶다.'라는 꿈을 잃지 않았다. 배고픔과 어려움은 이철호에게 요리사라는 꿈을 꿀 수 있도록 하였다.

그는 노르웨이에서 혼자 살아가면서 식당의 청소, 접시닦이, 호텔의 벨보이, 화장실 청소 등 닥치는 대로 일을 하다가 주변 이웃들의 도움으로 요리학교에 가게 된다. 나중 새로 개발된 라면 스프는 노르웨이인들의 마음을 차차 돌려놓았고 라면 3박스로 시작한 사업이 연간 8천만 개 이상의 판매고를 올릴 정도로 큰 호황이 일어났다. 지금은 노르웨이 라면의 대명사가 되어 'Mr. Lee=라면, 모두들 Mr. Lee 주세요.' 말하면 라면을 줄 정도라고. 노르웨이 현지 시장에서 95%의 점유율을 보이고 노르웨이 전역에서 2007년 한 해 동안 2,500만 봉지의 라면이 팔릴 정도로 대성공을 거두었다.

이철호는 모국인 한국을 알리기 위해 라면봉지에 라면의 맛을 한글로 표기해 팔고 있다고 한다. 머나먼 나라 노르웨이에서 마침내 총리보다 더 유명한 사람이 되어 노르웨이 초등학교와 고등학교 교과서에도 실린 국민영웅! 그의 책 중에는 이런 구절이 있다.

'구름 없는 태양은 사막을 만든다.'

그렇다. 사막에는 구름이 없기 때문에 메마른 땅이지만, 구름(실패, 시련)을 통해 성공에 다다를 수 있었던 것을 표현하는 말인 것 같다. 하늘은 스스로 돕는 자를 돕는다고 하였다. 모든 것이 그렇듯이 그저 그냥 되는 것은 없다. 불로소득은 스스로 소멸되기 마련이다. 땀의 대가로 되는 일이야말로 가장 값진 것이다. 세상은 희망을 가진 자의 것이요 꿈을 꾸는 자의 것이다. '실패는 고통스럽다. 그러나 최선을 다하지 못했음을 깨닫는 것은 몇 배 더 고통스럽다.' 동기부여 전문가 앤드류 매튜스의 말이다.

'내가 할 수 있을까?' 의심하지 마라.
초등학교 졸업이 전부였던 이철호도 해냈다.
'너무 늦었다!' 자책하지 마라.
52세에 처음 라면사업에 뛰어든 이철호도 해냈다.
'세상이 내 뜻대로 안 된다.' 한탄하지 마라.
당신이 43번의 다리수술 끝에 혼자서는 걷지도 못할 만큼 중한 장애를 가진 빈털터리 신세인가?
현실이 비루하고 비참해도 끝까지 포기하지 말라!
노력과 인내의 힘이 만든 라면왕 이철호처럼!

'담쟁이' / 도종환

저것은 벽
어쩔 수 없는 벽이라고 우리가 느낄 때
그때
담쟁이는 말없이 그 벽을 오른다.

물 한 방울 없고 씨앗 한 톨 살아남을 수 없는
저것은 절망의 벽이라고 말할 때
담쟁이는 서두르지 않고 앞으로 나아간다.

한 뼘이라도 꼭 여럿이 함께 손을 잡고 올라간다.
푸르게 절망을 다 덮을 때까지
바로 그 절망을 놓지 않는다.

저것은 넘을 수 없는 벽이라고 고개를 떨구고 있을 때
담쟁이 잎 하나는 담쟁이 잎 수천 개를 이끌고
결국 그 벽을 넘는다.

모두가 좌절했을 때, 모두가 절망할 때, 서두르지 않고 나아가
는 담쟁이처럼, 함께 손잡고 벽을 오르는 담쟁이처럼, 결국 벽을
넘는 담쟁이처럼, 절망을 극복하는 담쟁이의 생명력과 의지를 본
다. 절망 속에서도 포기하지 않는 삶의 의지를 본다. 삶은 내가 만

들어가며 내가 어떻게 생각하고 대처하느냐에 따라 완전히 다른 삶을 살게 된다. 안 되겠다 싶어서 포기해버리면 그런 삶이고, 마지막으로 딱 한 번만 더 일어서보자 한다면 끈기 있는 삶이다. 인생의 주인은 나다.

내가 딛고 일어서야 할 장애는 무엇인가?

두 개의 꽃병

영국의 조지 왕은 형의 죽음으로 갑작스레 보위에 오르게 되었고, 너무나 힘든 국무로 인해 시름이 그치지 않았다. 왕은 어느 날 작은 도시의 한 도자기 공장을 방문하게 되었다. 평소 도자기에 남다른 관심을 가지고 있던 왕은 모든 일정을 마친 뒤, 모처럼 편안한 마음으로 도자기 공장을 둘러보았다. 그러다 두 개의 꽃병이 특별히 전시되어 있는 것을 보게 되었고, 왕은 그곳에서 걸음을 멈추었다. 유심히 살펴보니, 두 개의 꽃병은 동일한 원료에 디자인과 무늬까지 똑같았지만, 하나는 예술품으로 보이는데 다른 하나는 전혀 볼품이 없었다. 이를 이상하게 여긴 왕이 공장장에게 물었다.

"어째서 저렇게 서로 다를 수 있는가? 또 저 두 꽃병을 나란히 둔 이유는 무엇인가?"

왕의 물음에 공장장은 이렇게 대답했다.

"이유는 간단합니다. 하나는 구워졌고, 하나는 구워지지 않았기 때문입니다."

그렇다. 시련은 인생을 윤기 있게 하고 생동감 있게 하며, 무엇보다 아름답게 한다는 것을 보여 주기 위해 특별히 전시해 놓은 것이다. 단지 불가마에 들어간 것과 들어가지 않는 것의 차이이다. 나무의 나이테가 우리에게 가르쳐주는 것은 나무는 차가운 겨울의 찬 서리, 눈보라의 삭풍을 맞으면서도 자란다는 사실이다. 그리고 겨울에 자란 부분일수록 여름에 자란 부분보다 훨씬 단단하다는 사실이다. 좋은 쇠는 뜨거운 화로에서 백번 단련된 다음에 나오는 법이며, 매화는 추운 고통을 겪은 다음에 맑은 향기를 발하는 법이다. '위대한 인간이란 역경을 극복할 줄 아는 동시에 그 역경을 사랑할 줄 아는 사람입니다.' 니체의 말이다.

역경, 시련이란 단어를 반갑게 맞이하는 사람은 없다. 대부분의 사람들은 어려운 상황에 맞닥뜨리면 짜증을 내고, 왜 하필이면 나에게 이런 어려움이 생기는 거야? 하며 투덜거린다. '어려움의 크기만큼 성장한다!'라는 말이 있다. 남들이 마다하는 힘든 일을 오히려 찾아서 하게 되면, 덕분에 짧은 기간에 남들이 이룰 수 없는 큰 성과를 얻게 된다.

1933년, 영화배우 프레드 아스테어는 첫 스크린 테스트를 받은 뒤, MGM의 시험 감독으로부터 편지 한 통을 받았다. 편지에는 이렇게 적혀 있었다.

'연기를 하지 마시오! 연기가 너무 단조롭군요! 춤은 그런대로 괜찮았소!' 그 뒤 프레드 아스테어는 9차례의 에미상, 1949년 뮤지

컬 영화에 기여한 공로로 아카데미 특별상을 수상했으며, 현재 많은 사람들은 그를 대중음악 무용수 가운데 전무후무한 가장 뛰어난 인물로 평가하고 있다. 그리고 프레드 아스테어는 그 편지를 베버리 힐스의 자기 집 벽난로 위에 걸어 놓았다. 고난과 시련은 우리의 성공 근육을 단련시켜 준다. 거센 파도가 유능한 사공을 만드는 것과 같은 원리이다.

비온 뒤에 땅이 더욱 굳어진다고 하듯 성공한 사람들은 자신을 이기는 일부터 시작하여 남들이 피하고 싶어 하는 큰 어려움과 장애물을 뛰어넘은 것이다. '역경'을 거꾸로 읽으면 '경력'이 된다. 나를 단련하는 과정을 소중히 여기는 사람이 가정과 직장과 사회에 크게 쓰임을 받는다.

책을 읽기 전에는 당신이 잘한 게 뭐 있어? 당신이 끝까지 한 게 뭐 있냐고? 조금 힘들고 어려우면 때려치우는 나약한 사람, 의지력이 없는 사람이란 말을 많이 들었다. 지금은 그런 소리는 듣지 않는다. 이유는? 아직 수면 위로 떠오른 모양은 없지만, 보이지 않는 물속에서 손과 발은 계속하여 움직이고 있기 때문이다.

당신에게 당면한 고난과 시련은 무엇인가?

한국의 포레스트 검프

'울트라 마라톤맨'이라 불리는 심재덕씨는 기관지 확장증으로 폐활량이 일반인의 70%에 불과한 신체적 장애를 가지고 있었다.

달리면 나을 수 있을 것 같다는 막연한 생각에 무작정 달리기를 시작한 지 올해로 24년 째. 살기 위해 시작한 달리기는 그의 삶의 긍정의 힘을 주었고, 신체적인 한계마저도 극복할 수 있었다. 마라토너는 타고난다는 세간의 생각도, 불가능한 일이라는 의사의 만류에도 굴하지 않고 홀홀단신 자신과의 도전을 시작했다.

그는 직장생활을 병행하면서도 대한민국 최초 서브스리(마라톤 풀코스 3시간 이내 주파) 100회 달성, 미국 MMT 160km 산악마라톤 대회에서 최고기록 우승, 일본 노베야마 산악마라톤 대회 우승, 코리아 울트라마라톤 챔피언십 최고기록 우승 등 굵직굵직한 우승 경력으로 전문 마라토너도 쉽지 않은 기록들을 만들어 왔다.

"내가 달리기를 시작하기 전에는 그 어느 것에서도 1등을 한 적이 없었다. 내게 새로운 삶이 시작됐다는 표현이 맞을 것이다. 죽음만이 내 달리기를 멈추게 할 것이다."고 말하고 있다. 300번의 발톱이 빠지고도 멈추지 않는 마라톤에 대한 열정, 잘할 수 있는 일이자 좋아하는 일인 마라톤과 평생지기가 된 그는 행복한 마라토너이다.

그의 풀코스(42.195km) 최고 기록은 2010년 3월 서울국제마라톤 겸 동아마라톤에서 세운 2시간 29분 11초이고, 지금껏 마라톤 대회 풀코스만 277번을 완주했다. 이 중 274번은 서브-3를 달성했다. 아마추어 마라톤계에서는 전설 같은 기록이다. 그는 토요일 마라톤 시합에서 뛰고 이어 일요일에 다른 지역에서 열리는 마라톤 시합에 출전해, 이틀 연달아 우승한 적도 여섯 번 있다. 아침에는 풀코스,

저녁에는 100km 울트라 마라톤 대회에 나가 우승하는 등 새로운 도전을 끊임없이 행하고 있는 그가 이렇게 달리는 이유는 무엇일까.

"사실 몇 번은 죽어야 할 목숨인데, 아직 살아남아 그 감사한 마음으로 달립니다. 그리고 달리면서 얻은 것을 남과 공유하고 싶어 달리고요. 또 제 한계가 어디까지인지 알아보고 싶어서 달립니다."

그는 달리면서 얻은 것을 이제 나눠야겠다는 생각에 주변 어려운 청소년에게 장학금 후원 사업을 하고, 매월 1회 사내 직원을 상대로 달리기 강연을 하고 있다. 또 외부 강연도 1년에 서너 차례 나가고 있다.

"나는 걷는 게 훨씬 더 힘듭니다. 걸으면 지치지만 뛰면 기분이 좋습니다. 세상 사람들은 왜 저러느냐고 이해를 못 하겠지만, 나는 뛰면서 내가 살아있음을 느낍니다. 언제까지 뛰느냐고 물으면 죽을 때까지라고 답하겠습니다. 내가 좋아하는 말이 '한계는 없다. 내 한계는 내가 정한다.'는 것입니다."

그렇다. 자신의 인생은 자신의 마음에 달려 있다. 이렇게 되기까지는 남다른 각오로 시간의 투자와 힘든 훈련을 즐겁게 견뎌냈으리라. 그는 신체적 장애를 가졌음에도 이를 극복하고, 일반 마니아가 감히 해낼 수 없는 도전과 기록들을 만들어내며 제2의 인생을 멋지고 알차게 살아가고 있다. 가장 자기다운 삶을 살아가기 위한 태도와 굳은 의지에 박수를 보낸다.

당신은 건강한가?
당신은 죽음만이 멈추게 할 수 있는 어떤 일과 친하고 있는가?

오른손이 했는데 왼손이 못할 이유가 없다

1910년 헝가리 수도 부다페스트에서 태어난 그는 원래 오른손 명사수였다. 1929년부터 1938년까지 사격 국가대표로 각종 대회에 출전해 최고의 슈팅 솜씨를 뽐냈다. 그의 올림픽 금메달 획득도 당연한 것으로 여겨졌다. 그러나 호사다마好事多魔랄까. 그는 1938년 군 복무 도중 수류탄 폭발 사고로 오른손을 잃고 말았다. 사격선수에게 손은 생명과 같은 것. 그는 너무나 큰 충격에 빠져 한동안 상심의 날을 보냈다.

그러나 그는 냉정을 되찾고 다시 시작하자는 각오를 다졌다. 그는 다시 권총을 잡았다. 오른손이 했는데 왼손이 못할 이유가 없다며 자신을 채찍질했다. 처음에는 너무나 어려웠다. 새로 시작하는 거나 마찬가지였다. 전혀 익숙하지 않은 왼손으로 사격을 하느라 방아쇠를 당기는 손가락에 힘이 부족했고 한 팔이 없어 몸의 균형을 잡는 일도 만만치 않았다. 총알은 표적을 훨씬 벗어나 훈련장의 콘크리트 벽을 수 없이 강타했다. 1개월, 2개월, 3개월…. 그는 자신과의 싸움에서 승리해갔다. 사수로서 그의 천부적인 재능과 초인적인 노력이 곁들여져 오른손잡이였을 때의 정확한 슈팅이 나오기 시작했다.

그리고 정확히 1년 후인 1939년, 루선에서 열린 세계사격선수권 대회에서 기적적인 우승을 했다. 그야말로 인간승리였다. 하지만 그는 거기에 만족하지 않았다. 목표를 올림픽에 두고 더 강한 훈련을 했다. 그는 결국 1948년 런던 올림픽에서 금메달을 따냈다. 그가 사고로 오른팔을 잃고 왼손잡이로 변신한 지 10년 만의 일이다.

그리고 4년 후인 1952년 헬싱키 올림픽에서 사격 속사권총 2연패를 달성한 후 명예롭게 은퇴했다. 이때 그의 나이 48세였다. 1950년대 헝가리의 가장 위대한 스포츠맨으로 추앙받고 있는 카로리 타카스의 이야기이다.

스포츠 스타는 화려하다. 승리를 거머쥐는 그들의 우아하고 수려한 동작 하나하나는 관중에게는 찬탄과 부러움의 대상이 된다. 그러나 우리가 아는 모든 영웅들은 그들이 거머쥔 영예의 크기만큼이나 깊고 커다란 역경의 질곡을 뛰어넘은 사람들이다.

다음은 역경을 딛고 일어선 스테이시 코헛의 이야기이다. '진정 원한다면 인간은 무엇이든 해낼 수 있다고 믿는다. 나는 그것을 알려주고 싶었다. 불가능이란 포기한 자들의 변명일 뿐이다.' 그는 다른 X게임(익스트림스포츠) 선수들과 마찬가지로 스릴을 즐기며 모험심 넘치는 삶을 살았다. 스케이트보드, BMX, 사이클, 하키 등 빠르고 짜릿하고 위험한 것이라면 뭐든지 달려들었다. 스물한 살까지는 전율과 긴장 사이를 질주하던 청춘이었던 그는 1991년에 커다란 사고를 당했다. 운동으로 다져진 터라 금세 건강을 회복했으나, 퇴원할 때의 그는 휠체어를 굴리고 있었다.

하반신 불수. 하프파이프를 누비던 그에게 내려진 선고는 그 자신보다 주변 사람들을 더 놀라게 만들었다. 정작 그 자신은 삶의 속도를 늦출 생각이 전혀 없었다. 3년 뒤 그는 좌식 스키를 타고 1994년 릴레함메르 동계 장애인 올림픽 슈퍼 G 경기에 출전해 금메달을 목에 걸었고, 오스트리아 레히에서 열린 세계 선수권대회에서는 다운힐과 슈퍼 G의 2관왕을 차지했다. '휠체어를 탄 상태에서 3.7m 경사를 내려오는 일은 결코 만만한 일은 아니죠. 스케이트보드로도 어려운 일이죠. 하지만, 그게 내 목표라면, 30cm부터 시작해서 부단히 연습해야죠. 그러다 보면 길이 보이거든요.'

그렇다. 사람들이 역경에 처했을 때는 자신을 둘러싼 환경 하나하나가 모두 불리한 것으로 생각된다. 그러나 사실은 그것들이 몸과 마음의 병을 고칠 수 있는 힘과 약이다. 약이 몸에 쓰듯이 역경은 잠시 몸에 괴롭고 마음에 쓰지만 그것을 참고 잘 다스리면 많은 이로움을 얻을 수 있다.

운동하는 사람들의 대부분이 운동 중 부상을 당하고 슬럼프에 빠진다. 사업하는 사람들은 취급하는 아이템의 문제와 사람들 관계로 어려움을 겪는다. 그럼에도 불구하고 이를 이겨낸 사람들에게 박수를 보낸다.

스테이시 코헛, 아디다스의 〈Impossible is nothing〉 광고 캠페인

도전 정신

진정한 용기란?

독일의 신학자였다가 히틀러의 박해를 피하여 미국으로 옮겨가 프린스턴대학에서 강의하였던 유명한 신학자가 있다. 폴 틸리히 이다. 그가 용기勇氣에 대하여 내린 정의가 있다. 그의 정의에 따르면 '용기란 가장 중요한 것을 얻기 위하여 두 번째, 세 번째 중요한 것을 버릴 수 있는 것이다.'라고 정의하였다. 진정 용기 있는 사람 이란 겁이 없는 상태가 아니라 두려움을 한가득 안고도 뒤로 물러서지 않고 한걸음 앞으로 내딛는 사람이다. 지금 내 현실에서 아무 것도 할 수 없어 보이지만 그럼에도 불구하고 해보는 것이다.

회복의 유일한 길은 다시 시작하는 것이다. 65세의 커넬 할랜드

샌더스는 노구를 이끌고 낡은 트럭과 수중의 적은 돈으로 압력밥솥을 사서 전국을 돌아다니며 그가 가진 치킨을 맛있게 튀기는 기술을 팔기로 했다. 트럭에서 잠을 자고 주유소에서 몸을 씻어가면서 말이다. 하지만 그는 많은 나이 때문에 무시당하기 일쑤였으며 그의 요리비법 역시 1008번이나 거절을 당했다고 한다. 그리고 그가 68세 되던 해 1009번째로 찾아간 레스토랑에서 계약을 따내게 된다. 치킨 한 조각당 40원의 로열티를 받기로 한 것이다. 그렇게 해서 KFC 1호점이 탄생하게 된다.

미국의 하워드 슐츠는 특별한 커피점을 세울 계획서를 손에 들고 투자할 사람들을 찾아 다녔으나 누구도 그를 믿고 투자하려는 사람이 없었다. 그러나 그는 포기하지 않고 사람들을 찾아 나섰다. 그 결과, 218번째로 만났던 인사로부터 투자를 받을 수 있었고 드디어 성공하였다. 바로 '스타벅스' 커피점의 성공 신화다.

월트 디즈니는 허허 벌판에 디즈니랜드를 세울 계획서를 손에 들고 은행을 찾아다니며 투자를 유치코자했으나 실패하였다. 결국 불굴의 의지를 갖고 20년 이상의 세월 동안 다시 시작하려는 시도를 계속한 결과, 한 은행으로부터 투자 유치에 성공하였다. 그렇게 시작한 디즈니랜드는 공전의 히트작이었고, 지금도 디즈니랜드는 그 은행과 거래하고 있다.

당신도 자신의 꿈을 이루기 위해 KFC 1호점을 탄생시킨 할랜드

샌더스처럼, 스타벅스 커피점을 만든 하워드 슐츠처럼, 디즈니랜드를 세운 월트 디즈니처럼 당신의 한 가지 목표를 이루기 위하여 노력하며 기다리고, 실패할 때마다 다시 시작할 수 있는 용기를 지닐 수 있겠는가?

나는 내성적 성격을 가진 사람이지만 오랜 시간 신앙생활과 운동과 독서를 통해 키워진 것이 긍정적 믿음이며 자신감이고 도전 정신이다. 5년 전 늦은 나이에도 불구하고 내가 가장 잘할 수 있는 일인 출판업에 취업하기 위해 이력서 278통을 제출했다. 구직 3개월이 지나 278번째 출판사에 출근하게 되었고, 지금까지도 근무하고 있다.

그렇다. 자신감 위에 피는 아름다운 꽃이 용기이며, 마지막까지 포기하지 않는 힘이 용기이다. 그리고 변화의 시작과 중심에 서 있는 힘 역시 용기이다. 용기 있는 사람은 자신이 꿈꾸는 비전을 향해 끊임없이 선택하고 행동하며 실천하는 가운데 아름다운 열매를 거둬들일 수 있다.

용기는 속에 있는 의지에서 일어난다고 한다. 결국 용기는 간절히 바라는 것을 성취하는 희망의 디딤돌이라는 것이기 때문에 용기는 희망을 부채질하고 희망은 용기에게 날개를 달아주는 것이다. 안정적인 현실에서 벗어날 용기, 미움 받을 용기, 하나를 선택할 용기, 시작하는 용기, 끝까지 버틸 수 있는 용기 등이 지금 나와 당신에게 꼭 필요하다. 나는 내 인생의 후반전은 차지도 덥지도 않은 미지근한 생활이 되어서는 안 된다고 다짐하고서 신앙과 책과 운동 세 가지 외에는 한 점 망설임 없이 버렸다. 6년이 지난 아직도 부족함이 많지만 좋아하는 일, 잘할 수 있는 일을 함에 있어 자신 있게 말할 수 있다. 너무 즐겁고 행복하다고.

당신은 용기 있는 사람인가?
당신은 어떤 용기가 필요한가?

기업가 정신 (앙트레프레너십, entrepreneurship)

기업가가 돼야겠다!' 어떤 남자가 아침에 일어나 이렇게 소리치고는 자기가 일하는 회사에서 가장 뛰어난 소프트웨어 프로그래머에게 찾아가 귓속말을 했다.

"내가 회사 차리려고 하는데 올래? 토요일 우리 집에서 10시에 봐. 도넛도 좀 가져오고."

또 가장 뛰어난 재무 담당자에게도 찾아가 같은 얘기를 하며 커피를 가져오라고 했다. 최고의 특허 변리사와 마케팅 담당자도 마찬가지로 초대했다. 토요일 10시가 다가왔다. 거기 모인 사람들이 자신들을 초대한 남자에게 물었다.

"그런데 어떤 사업을 할 거야?"

그가 답했다.

"새로운 컴퓨터 프로그램을 만들 거야."

모인 사람들은 가져 온 도넛과 커피를 나누며 저마다 아이디어를 냈고 사업계획도 나왔다. 그때 재무 담당자가 자기는 돈 구할

곳을 안다고 하면서 자신을 초대한 남자에게 물었다.

"그럼, 너는 뭘 할 건데?"

남자가 답했다.

"나는 자네들을 불러 모았잖아!"

그렇다. 이 남자는 다른 사람들에게는 없는 '앙트레프레너십' 즉 기업가 정신을 가지고 있었던 것이다. '남과 다른 생각과 삶은 두려움이 아니라 축복이다. 남들과 다른 생각을 하는 것, 다른 길을 가는 것이 두려운가? 오히려 이것을 축복이라고 생각하라. 자기 삶의 주인이 되는 삶을 살게 될 가능성이 높은 사람이다.' 영국 수상을 지낸 마거릿 대처의 말이다.

경영학에서는 기업가 정신으로 세 가지 정신을 손꼽는다. 개척정신, 창조정신, 공동체 정신, 세 가지이다. 이런 정신을 품고 끊임없는 혁신의 기풍을 펼쳐 나갈 때 국가도 기업도 개인도 번영의 길로 나아가게 된다. 청년 실업 100만 시대, 여느 때보다 기업가 정신이 필요한 때이다. 아이디어와 패기를 자본으로 과감하게 창업에 도전하는 젊은 기업가가 많이 나왔으면 좋겠다. 기업경영에서도 서로 신세 지고 도와주며 같이 어우러져 일하는 사람 간 협력에 의해 창조적 혁신이 창출된다.

당대 세계 최고 기업인 구글은 조직 내외부의 모든 경계를 넘어 서로 도와주고 도움을 받는 개방적인 협력이 구글식 혁신의 핵심이라고 강조하며, 다른 사람들로부터 고립되어 자기 사무실에 틀

어박혀 혼자서 자기 일에만 몰두하는 사람을 가장 경계한다. 두레나 품앗이, 향약, 계 등과 같은 우리나라의 전통적인 일하는 방식은 서로 도움을 주고받는 전형적인 장터형이었다.

지금은 아이디어만 있으면 인터넷과 소셜미디어를 통한 마케팅은 물론 크라우드소싱, 소셜 펀딩 등 다양한 솔루션을 활용할 수 있다. 나도 할 수 있다는 자세를 가지고, '나부터·작은 것부터·지금부터' 먼저 실천한다면 당신도 멀지 않아 바라는 것을 이룰 수 있다.

이봐, 해 봤어?

미국의 한 서커스단이 어느 마을을 찾았다. 그런데 트롬본 연주자에게 문제가 생겨서 단장이 관객에게 협조를 구했다.

"혹시 여러분 가운데 트롬본을 불 수 있는 분이 계십니까?"

그러자 한 꼬마가 손을 들었다.

"제가 한번 불어보겠습니다."

그런데 트롬본을 넘겨받은 꼬마는 전혀 불지 못했다. 짜증 난 단장이 말했다.

"아니, 트롬본을 불지도 못하면서 불 수 있다고 왜 거짓말을 했나요?"

꼬마가 당당하게 대답했다.

"저는 제가 트롬본을 불 수 없는지 몰랐습니다. 왜냐하면 한 번도 트롬본을 불어보지 않았거든요!"

이 꼬마가 바로 디즈니랜드의 설립자 월트 디즈니이다.

'이봐, 해 봤어? 해 보기는 해 봤냐고? 해 보지도 않은 놈이 가타 부타 말이 많아, 일단 해 보고 이야기해!' 현대그룹의 창업주 정주 영 회장이 자주 사용했던 말이다. 해 보면 기회가 있다. 해 보기도 전에 겁먹고 안 하는 게 우리가 흔히 빠지는 함정이다. 세상은 빠르게 변화하고 있다. 그 변화에 맞춰 당신이 생존할 수 있는 방법 중의 하나가 새로운 것에 도전하는 것이다. 많은 사람들이 불가능 해 보이는 것은 쉽게 포기하는 경향이 있다.

그렇다, 재능보다 경험이 중요하다. 뜨개질을 처음 배울 때는 손 이 뜻대로 움직여지지 않고 생각처럼 예쁘게 되지도 않는다. 차차 익숙해지면 동작도 능숙해지고 속도도 빨라진다. 나중에는 눈 감 고도 할 수 있는 경지가 된다. 세상에는 우리가 모르는 변수들이 너무도 많다. 그건 책으로도 배울 수 없는 것들이며 오로지 경험으 로써만 습득할 수 있는 것이다. 그래서 재능이 아무리 뛰어난 사람 이라도 처음 하는 일은 미숙할 수밖에 없다.

초행길은 지도를 보면서 가더라도 길을 잃기 쉽고 제대로 가고 있으면서도 불안하고 초조하다. 하지만 한 번 가본 길은 지도 없이 도 거침없이 갈 수 있다. 되도록 많은 경험을 해야 한다. 그것이 비 록 실패를 안겨준다고 하더라도 그것 역시 값진 경험이고 나만의 재산이 된다.

미국의 소설가 에리카 종은 '아무런 위험을 감수하지 않는다면 더 큰 위험을 감수하게 될 것이다.'고 말한다. 미국의 방송인 오프라 윈프리는 '여러분이 할 수 있는 가장 큰 모험은 바로 여러분이 꿈꿔오던 삶을 사는 것이다.'라 했다. 당신이 아무리 올바른 길 위에 서있다 해도 제자리에 가만히 있다면 어떠한 목표도 이룰 수 없다. 세상의 중요한 업적 중 대부분은 희망이 보이지 않는 상황에서도 끊임없이 도전한 사람들이 이룬 것이다.

러시아의 사상가이자 소설가인 레프 톨스토이는 『어떻게 살 것인가』에서 '자신을 이기는 사람이 되자.'고 말한다. 자신을 이기는 것이 전쟁에서 수천 대군을 이기는 것보다 더 크고 훌륭한 승리다. 다른 사람을 이기고 승리한 사람들은 언젠가는 질 수도 있지만, 자신을 이기고 승리한 사람은 영원한 승리자인 것이다.

한고조(寒苦鳥)

한고조라는 새가 있다. 이름 그대로 추워서 괴로운 새인데, 다름 아닌 둥지가 없었기 때문이다. 둥지를 짓지 않은 것은 게으름 탓이었다. 따스한 낮에는 노느라 정신이 없어 둥지를 지을 생각도 하지 못했다. 그래서 밤이 되면 '아이, 추워, 아이, 추워.' 하며 추위에 떨어야 했다. 이에 다른 새들이 말했다.

"이봐, 추위에 떨지 말고 얼른 둥지를 지으라고…."

"그래, 둥지만 있으면 걱정 없잖아."

하지만 게을러터진 한고조는 친구들의 말을 듣지 않았다. 둥지 정도야 아무 때나 지으면 어떤가?

"까짓 것, 내일 짓지 뭐." 하고 차일피일 미뤘다. 하지만 밤이 되면 생각이 완전히 바뀌었다. 얼어 죽을 것 같은 추위에 오들오들

떨면서 낮에 둥지를 짓지 않은 것을 뼛속 깊이 후회했다. 그러나 낮이 되면 그 생각은 다시 뒤집혔다. 놀기에도 시간이 모자란데… 무슨 둥지? 그리고 또 밤이 되면 '아이 추워, 아이 추워.' 하며 후회했다. 한고조는 이런 식으로 반복하며 하루하루를 보냈다. 어느 추운 밤, 한고조는 결국 얼어 죽고 말았다.

아직도 한고조처럼 살고 있는가?
'오늘 일을 내일로 미루지 말라.'
'현실을 외면하지 말라.'
'시간 관리를 위해 계획하고 행동하라.'
'할 가치가 있는 모든 일은 잘할 가치가 있다.'는 옛 격언은 백 번 옳은 말이다.

'아무것도 미루지 말라.'가 좌우명인 70세 노부부의 세계여행 에세이 『즐겁지 않으면 인생이 아니다』를 쓴 린 마틴은 남편 팀 마틴과 70세가 되는 해, 모든 것을 처분하고 세계 곳곳을 누비며 살기로 결심한다.

젊은 시절부터 버킷 리스트의 한 자리를 차지하고 있던 꿈을 현실화시키기로 한 저자는 안락하지만 지루한 삶 대신, 위험하지만 흥미진진한 모험을 선택한다.

이들 용감한 노부부는 나이 들어 하게 될 새로운 도전에 대한 두려움을 담담하게 이겨내며 여행을 준비하고, 예측 불가능한 상황들이 벌어지는 여행지에서의 돌발 상황들을 기꺼이 즐기며 글로

담아냈다. 저자는 인생의 마지막일지도 모르는 세계여행 여정을 통해서 머뭇거리지 않고 인생을 즐기기로 결심했다고 이야기한다.[9]

그렇다. 인생의 후반기, 미뤄도 좋은 것은 아무것도 없다. 나이가 들어 더 좋은 건 인생의 남은 시간들을 오롯이 자신을 위해 쓸 수 있다는 것이다. 나이 듦을 한탄할 시간에 나이 들어 더 좋아지는 것들, 정말 하고 싶었던 것들을 찾아보면 어떨까.

한반도 횡단 312km 진갑(進甲)에 완주하다

남다른 환갑 기념 잔치는 뭐가 있을까? 생각해낸 것이 한반도 횡단 312km 울트라마라톤대회이다. 쉽지 않은 이벤트 마라톤으로 312km를 64시간(무박 4일) 안에 달리면 된다. 대한민국 서단 강화도 창후리에서 동단 강릉시 경포대까지, 풀코스보다 무려 8배나 먼 거리를 주어진 주로에 10개의 CPcheck point가 있어 제한 시간 안에 통과하지 않으면 실격이다. 2014년 9월 환갑기념으로 남다른 꿈을 안고 도전하였으나 220km지점에서 발목 부상으로 포기해야만 했던 아픔을 묻고 1년 후 재도전이다.

도전의 날은 밝았다. 내 생애 달려서 한반도 횡단 완주라는 귀하고 고급스런 단어를 떠올리며 결승점 테이프를 끊는 순간을 머리에 그릴 때마다 눈물이 솟구친다. 저녁식사 후 기념촬영하고 운동

9) 린 마틴, 팀 마틴, 「즐겁지 않으면 인생이 아니다」, 글담

화 끈도 고쳐 매고 헤드라이트와 안전등을 체크한다. 잠시 후 회장 님의 개회선언이 있은 후 주로 담당자께서 신신당부하신 말씀은 첫째도 둘째도 안전이었다. 긴 거리를 주야로 달려야 한다. 자전 거도로도 있지만 자동차가 쌩쌩 지나가는 국도의 갓길을 달려야 하기에 위험은 항상 도사리고 있다.

17일 밤 9시 출발 신호와 동시에 강화도 창후리를 출발한 참가 자들은 저마다 진한 각오를 가지고 강릉시 경포대를 향해 첫발을 내딛는다. 밤 기온이 17도이니 달리기에 약간 더운 기온이지만 맑 은 일기에 감사하며 7분 페이스로 달려 나간다. 울트라마라톤의 백미는 먹는 재미인데 18km를 지나자 강화울트라클럽회원들이 꿀 같은 송편을 제공하여 서너 개를 콜라와 함께 허겁지겁 오물우물 넘기고 간다. 1CP를 지나 아라뱃길 김포갑문 근처에 포장 도로 아 닌 비포장도로로 가게 되면 족히 300m는 벌 수 있는데 뒤따르던 일 행이 반칙이라며 포장도로를 고집한다. 하는 수 없이 달리면서 생 각해보니 마라톤이 나에게 주는 교훈이 성실과 정직이라는 사실을 깨닫고 룰을 어기지 않았다는 점에서 그분께 감사함을 전한다.

나의 달리기 무대인 대한민국 수도 서울 한강을 지난다. 서울 시 민의 안식처인 시원한 한강은 자신의 한계에 도전, 달리는 모두에 게 격려를 보내고 있다. 아침이 되니 잠이 서서히 몰려온다. 2CP 가서 자야지 생각하며 달린다. 2CP엔 잘 만한 곳이 없었다. 3CP에 가서야 2시간 눈을 붙이니 정신이 맑아지고 지친 다리도 쉼을 얻었는지 앞으로 나아가는 데 조금은 편하다. 북한강을 따라 달리는 낮 시간은 죽을 맛이다. 맑은 하늘, 28도나 되는 기온이 런너들에게는 쥐약이다. 가끔씩 터널이 있어 냉장고 속이라 생각하며 달리기도 하지만 잠시뿐이다. 강릉까지 터널만 계속된다면 좋겠다는 생각을 떨칠 수가 없다.

지난해 태기산 220km에서 발목부상으로 포기를 선언하고 진행차량에 몸을 맡기던 그곳을 지난다. 작년보다는 덜하지만 또다시 오른쪽 발목에 통증이 오기 시작한다. 작년에 이어 또다시 포기해야만 하는가. 그럴 수 없다. 포기란 절대 있을 수 없다. 속으로 백번 외치면서도 발목이 아파 그늘에 앉아 한숨만 짓고 있다. 뛰어내려가는 런너들이 한없이 부럽다. 이들은 이구동성으로 참아내라, 걷더라도 포기하지 않기를 외치며 내려간다. 그래 가보자, 나중 잘못되어 수술을 하는 일이 있더라도 가자. 달리자.

그리고 일어나 걷는데 아픈 발목이 거짓말처럼 편하다. 하나님 감사합니다. 저의 기도를 들어주셔서 뛰면 안 된다는 사람 만나지 않게 하시고 '포기하지 말라고, 달려야 한다고, 걸어서라도 가라.' 격려하는 사람들만 보내주신 하나님 감사합니다. 격려자 이재국, 이창훈, 김효근-김미순(시각장애 1급) 부부의 음성이 아직도 귀에 선하다. 아픈 발목에 테이핑과 약을 주시고 격려한 의료담당에게도 감사를 드린다.

가도 가도 끝이 없는~ 가도 가도 끝이 없는~

한강변과 북한강을 지나 황재 고개를 오른다. 태기산을 오른다. 속사삼거리를 향해 달린다. 마지막 날 새벽 만만치 않은 경사로 싸릿재 정상을 향해 가는데 안개인지 구름인지 찬바람과 섞여 한 치 앞을 볼 수 없다. 겨우 9CP에 도착, 따뜻한 누룽지 한 그릇 뚝딱 해치우고 천막 철수 30분 전 비좁은 천막에 들어가 눈을 붙인다. 천막 철수 소리에 복장을 가다듬고 새벽 4시 마지막 CP인 골인 점을 향해 출발한다. 구름안개 자욱한 대관령 정상은 낮은 기온과 찬바람으로 비옷을 준비해 오지 않음을 후회케 한다. 완주자 74명 중 맨 끝에 서서 패잔병처럼 걷다가 서서히 달리기를 반복한다. 우릴 에스코트하는 경찰차가 라이트를 밝게 비추며 날 몰고 있다.

이제 남은 거리는 30여 km, 남은 시간은 9시간으로 여유가 있다. 시간당 4km만 가도 완주하는 데 이상이 없다. 그러나 경사가 급한 꼬불꼬불 대관령 고갯길 10여 km는 만만치 않다. 아픈 발목이 감당하기엔 많이 버겁다. 도저히 달릴 수 없을 정도의 통증이 다시 밀려온다. 한 발 한 발 내디딜 때마다 '음~음~' 신음소리가 절로난다. 대관령만 내려오는 데 4시간은 족히 소요되었다. 안전농로에 접어들어 서서히 뛰기 시작했다. 아침부터 햇볕은 따갑다. 경포대를 물어물어 달려간다. 경포대 바닷가가 저 멀리 보인다.

한반도 횡단 완주! 62시간 21분! 62번째로 결승 테이프 앞에 서 있다. 드디어 진갑에 일냈다. 내 꿈의 목록 하나가 완성되는 순간이다. 기념촬영을 마치고 경포대해수욕장으로 뛰어간다. 거칠게

몰려오는 하얀 파도에 풍덩 몸을 맡긴다. 그동안 흘린 땀과 수고가 모두 씻겨가는 시간, 난 하늘을 향해 웃고 있었다.

대회 진행을 위해 수고한 대한울트라마라톤연맹 임원들과 주로 곳곳에서 헌신한 자원봉사자들에게 머리 숙여 감사드린다. 그리고 주로에서 짬짬이 만나 함께 격려하고 위로하고 힘을 보탠 러너들에게 감사하고, 무엇보다 끝까지 포기하지 않고 완주한 러너 모두에게 아낌없는 박수를 보낸다.

2015년 9월 25일 청마

나눔과 배려

내가 잘되는 일

한 농부가 있었다. 그가 수확한 옥수수는 품질이 뛰어나 농산물 박람회에서 늘 일등을 차지했다. 이웃 사람들은 그를 부러워했다. 그런데 그는 이웃 농부들에게 자신이 가진 가장 좋은 씨앗을 나눠주었다. 그것도 공짜로. 놀란 이웃들이 이유를 물었더니 이렇게 답했다.

'다 나 잘되자고 하는 일이지요. 바람이 불면 꽃가루가 날리지 않습니까? 만약 이웃 들판에서 품질이 떨어지는 옥수수를 기른다면, 그 옥수수의 꽃가루가 날아와 내 밭에 자라는 옥수수의 품질까지 떨어뜨릴 수 있지 않습니까? 그러니까 이웃들도 최상의 옥수수를 기르는 것이 제게도 도움이 된다는 겁니다.'[10]

---

10) 위르겐 푹스, 『리더의 지혜를 담은 동화책』, 새론북스

그렇다. 자리이타自利利他는 자신을 이롭게 한다는 자리自利와 남을 이롭게 한다는 이타利他를 합한 낱말로 자기도 이롭고 남도 이롭게 한다는 뜻이다. '남이 잘되게 도와줘라, 그것이 내가 잘되는 일이다.' 자연도 인간 사회도 서로 연결되어 있다. 공유 가치는 경쟁과 분열이 아니라 우애와 신뢰의 가치를, 오만이나 독점이 아니라 배려와 나눔의 가치를, 죽임과 파괴가 아니라 생명과 공생의 가치로 사람과 지구를 살리는 첫걸음이 되어 줄 것이다.

어두운 밤 아무도 없는 집 안에 혼자 들어간다고 생각해보자. 당신은 가장 먼저 무엇을 할 것인가? 십중팔구는 집 안에 들어서자마자 스위치를 켠다고 할 것이다. 리더는 이처럼 어두운 방 안에 불을 켜야 하는 사람과도 같다고 얘기할 수 있다.

미국의 발명가이자 땅콩박사인 조지 워싱톤 카버는『아주 특별한 땅콩 이야기』책의 저자이다. 흑인 노예의 아들로 태어난 그는 가난한 남부 흑인을 돕기 위해 땅콩을 연구했다. 한때 미국 남부는 면화재배로 유명했다. 면화는 땅속의 질소를 잡아먹어 경작지는 얼마 지나지 않아 황폐해졌고 이로 인해 미국 남부 지역은 심각한 타격을 입었다. 카버 박사는 질소를 상실한 땅에 땅콩을 심으면 질소가 회복된다는 사실을 알았다. 카버 박사의 권유에 따라 면화를 재배하던 남부의 농가들은 땅콩을 심기 시작했다.

카버 박사의 말대로 땅콩을 심은 농장마다 땅이 되살아나 남부 전역에 산더미처럼 쌓인 땅콩을 처분할 길이 없었다. 이번에는 땅콩 때문에 어려움을 당하게 된 것이다. 괴로운 마음을 안고 카버 박사는 실험실로 들어갔다. 그리고 밤낮으로 연구하여 땅콩 버터, 땅콩 구두약, 땅콩 크림, 땅콩 식용유 등 무려 105종의 식용품과 200종의 실용품을 개발해 냈다.

남부의 경제는 놀라울 정도로 회복되었다. 그러나 카버 박사는 단 1원의 로열티도 받지 않고 자신의 연구 결과를 나누어주었다. 또 그는 조지 워싱톤 카버 재단을 만들어 인종을 초월한 많은 과학자를 배출했다. 그의 묘비명에는 다음과 같은 글이 쓰여 있다. '그는 명성과 부를 한꺼번에 누릴 수 있었으나 자기를 위해 쓰지 않고 오직 세상을 유익하게 하는 데 몸을 바쳐 세상의 존경을 받았다.'[11]

존 템플턴은 말한다. '하나라도 더 주려고 노력한 것이 우리의 성공비결이다. 우리는 경쟁자들보다 조금이라도 더 잘하고 남들의 기대보다 더 많이 주며, 우리의 방법을 개선하고 경쟁자들을 앞서나갈 새로운 방법을 찾기 위한 노력을 게을리 하지 않는다. 악착같이 성공에 매달리는 것이 아니라, 하나라도 더 주려고 노력했다는 것이 우리의 성공비결이라면 성공비결이다.'

이웃과 더불어 잘 사는 방법으로 당신이 실천할 수 있는 것은 무엇인가?

---

11) 구유선, 『아주 특별한 땅콩 이야기』, 청우

세월이 일러주는 아름다움의 비결

Sam Levenson의 『Time Tested Beauty Tips』

아름다운 입술을 갖고 싶으면 친절한 말을 하라.

사랑스런 눈을 갖고 싶으면 사람들에게서 좋은 점을 보아라.

날씬한 몸매를 갖고 싶으면 너의 음식을 배고픈 사람과 나누라.

아름다운 머리카락을 갖고 싶으면 하루에 한 번 어린이가 손가락으로 너의 머리를 쓰다듬게 하라.

아름다운 자세를 갖고 싶으면 너 자신이 혼자 결코 걷고 있지 않음을 명심해서 걸어라.

사람들은 상처로부터 복구되어야 하며 낡은 것으로부터 새로워져야 하고 병으로부터 회복되어야 하고 무지함으로부터 교화되어야 하며 고통으로부터 구원받고 또 구원받아야 한다.

결코 누구도 버려서는 안 된다.

기억하라, 만약 내가 도움을 주는 손이 필요하다면 너의 팔 끝에 있는 손을 이용하면 된다.

당신이 더 나이가 들면 손이 두 개라는 것을 발견하게 될 것이다.

한 손은 자신을 돕는 손이고 다른 한 손은 다른 사람을 돕는 손이다.

여인의 아름다움은 얼굴에 머무르지 않고, 진정한 여인의 아름다움은 영혼으로 투영된다.

사랑으로 베푸는 돌봄과 보이는 열정이야말로 진정한 아름다움인 것이다.

영화배우 '오드리 헵번' 하면 어떤 이미지가 떠오르는가? 아마도 세월이 지나도, 그녀의 눈부신 외모가 많은 이들에게 기억되지 않을까. 20세기 가장 아름다운 여인이자 유니세프 친선대사로 활동하며 나눔의 삶을 실천한 여배우 오드리 헵번이 숨을 거두기 전 크리스마스이브에 두 아들에게 유언으로 들려준 Sam Levenson의 「Time Tested Beauty Tips」라는 시이다. 샘 레벤슨의 시이지만 '오드리 헵번의 유언'으로 더 잘 알려져 있다.

그녀는 세기의 연인이며 만인의 요정이라 불리며 세계인의 사랑을 받았고, 많은 사람들의 마음을 울리고 웃기는 매력적인 배우이다. '어린이 한 명을 구하는 것은 축복입니다. 어린이 백만 명을 구하는 것은 신이 주신 기회입니다.' 오드리 헵번의 이 말은 전 세계 신문에 헤드라인이 되었고 세계적인 기부문화를 불러 일으켰다. 유엔난민기구의 특사이기도 한 세계적인 영화배우 안젤리나 졸리는 어느 난민 봉사 중 '아가야, 네가 불쌍해서가 아니라 이 나라의 미래이기 때문에 도움이 필요한 거야.'라 말을 남겼다.

당신은 자녀에게 무슨 말을 남기고 싶은가?

'꽃' / 김춘수

내가 그의 이름을 불러 주기 전에는
그는 다만
하나의 몸짓에 지나지 않았다.

내가 그의 이름을 불러 주었을 때

그는 나에게로 와서

꽃이 되었다.

내가 그의 이름을 불러 준 것처럼

나의 이 빛깔과 향기香氣에 알맞은

누가 나의 이름을 불러다오.

그에게로 가서 나도

그의 꽃이 되고 싶다.

우리들은 모두

무엇이 되고 싶다.

너는 나에게 나는 너에게

잊혀지지 않는 하나의 눈짓이 되고 싶다.

내가 좋아하여 단번에 암송한 시다. 나는 '꽃'이란 시를 통해 인간관계의 기본을 알게 되었다. 1, 2, 3연의 첫 행 '내가 그의 이름을 불러 주기 전에는, 내가 그의 이름을 불러 주었을 때, 내가 그의 이름을 불러 준 것처럼'에서 보듯 내가 먼저 상대의 이름을 불러주면 그 사람은 자신을 중요하게 여기고 있다는 생각이 들고 자신을 알아주는 사람이 있음을 느껴 참다운 인간관계가 만들어진다. 그의 꽃이 되고, 잊혀지지 않는 하나의 눈짓이 된다. 주먹을 꽉 쥔 손과는 악수할 수 없다고 한다. 먼저 마음을 열고 손을 펴고 얼굴에 미소를 띠며 다가가야 바라는 일을 이룰 수 있다.

만약 누군가를 당신의 편으로 만들고 싶다면, 먼저 당신이 그의 진정한 친구임을 확신시켜라. 공자는 '가까이 있는 사람을 기쁘게 해줘야 멀리 있는 사람이 찾아온다', 즉 '근자열 원자래(近者悅 遠者 來)'라고 설파했다. 백범 김구 선생은 말한다. '지옥을 만드는 방법은 간단하다. 가까이 있는 사람을 미워하면 된다. 천국을 만드는 방법도 간단하다. 가까이 있는 사람을 사랑하면 된다. 모든 것이 다 가까이에서 시작된다.'

몇 년 후 우리의 모습

추운 겨울, 강남 신천역 근처에서 있었던 일이다. 연세 지긋한 할머니, 얼굴에 주름밖에 없는 할머니, 폐지를 주워 모으는 할머니가 박스를 깔고 앉아 있다가 길 가는 나와 눈이 마주쳤다. 몇 걸음을 옮기다 뒤를 돌아보는데 아직 날 보고 있는 그의 눈은 애처롭기 그지없다. 그의 모습에서 인생의 긴 여정에 고단함이 고스란히 전해진다. 나는 뒤돌아서 할머니 앞으로 다가가 작은 마음을 전한다. 따뜻한 밥 한 그릇이라도 사서 잡수세요. 돌아서 오는데 눈물이 난다. 이 글을 쓰는 데도 눈물이 난다.

'친절한 행동은 아무리 작은 것이라도 절대 헛되지 않다.' 고대 그리스의 우화작가 이솝의 말이다. 남을 위한 일은 거창한 것이 아니고, 가장 가까운 곳으로부터 작은 실천으로 시작하는 것이 좋은 일이고 나누는 일이다.

매일 기차를 타고 출근하는 한 젊은이가 있었다. 기차 노선 중 오르막길이 있었는데 그곳을 지날 때면 기차도 느리게 달려 철로 옆에 있는 집안이 훤히 들여다보였다. 그런데 많은 집 중, 늘 문이 열려 있는 한 집이 있었다. 방 안에는 아파 보이는 한 노인분이 항상 누워계셨다. 매일 출근할 때마다 그 모습을 지켜본 젊은이는 왠지 가슴이 아팠고 도움을 주고 싶었다.

그래서 하루는 그 동네를 찾아가 그 노인분의 집을 찾았다. 그리고는 약간의 치료비와 빨리 회복되기를 바라는 편지를 써놓고 왔다. 물론 자신의 이름은 밝히지 않았고, '날마다 언덕 철길을 통해 출근하는 젊은이가'라고만 써놓았다.

그 후 며칠이 지났다. 그날도 어김없이 출근길 기차를 타고 가다 그곳으로 눈길을 돌렸다. 여전히 문은 열려 있었지만, 노인 분은 보이지 않았다. 그런데 더 자세히 살펴보니 유리창에 큰 글씨로 무엇인가 적어 놓은 게 보였다. '얼굴을 알 수 없는 젊은 그대에게 축복을'이라고 또박또박 적혀있었다.

그렇다. 진정한 성공이란 내 꿈을 이루는 것과 함께 그 꿈이 주변의 많은 사람들에게 가치 있게 기여할 때 비로소 완성되는 것이다. 노인들에게 무료 식사를 제공하는 '밥퍼 나눔 운동'을 펼치고 있는 최일도 목사는 다음과 같이 말한다.

'베푸는 이는 결코 받는 이에게 주는 것이 아니라 베풂의 기쁨을

얻는 것입니다. 모두가 이런 생각을 하고 산다면 우리가 사는 이곳이 바로 천국이 아닐까요?'

어떤 형태로든 베풂의 행동은 소유의 행위보다 훨씬 빨리 부를 증가시켜 준다는 것이 부의 마지막 비밀이다. 베풂을 습관으로 삼으면 자연스레 풍족한 삶을 살게 된다. 고개를 돌려 주위를 보세요. 당신의 손길이 있어야 하는 작은 나눔이 필요한 곳, 보이지 않나요?

세상이란 게 다 그런 거라네

일기예보에도 없던 비가 쏟아졌다. 도로 위의 사람들은 비를 피하기 위해 허둥지둥 뛰어다녔다. 나도 갑작스러운 비를 피하기 위해 눈에 띄는 한 건물의 좁은 처마 밑으로 뛰어 들었다. 그곳에는 이미 나와 같은 처지의 청년이 서 있었다. 빗방울이 점점 더 굵어지기 시작하자 할아버지 한 분이 가세했다. 그 다음 중년아저씨 한 분이 들어왔고, 마지막으로 아주머니 한 분이 비좁은 틈으로 끼어 들었다. 출근 시간대의 만원버스처럼 작은 처마 밑은 비를 피하는 낯선 사람들로 금세 꽉 들어찼다. 사람들은 비좁은 틈에 촘촘히 서서 빗줄기가 잦아들기를 멀뚱멀뚱 바라보고 있었지만, 비는 쉽사리 그칠 것 같지 않았다.

그때, 갑자기 한 덩치 하시는 아주머니 한 분이 우리 쪽으로 뛰어오더니, 가련하기 짝이 없는 대열에 합류하시는 것이었다. 구르는 돌이 박힌 돌을 빼낸다고 했던가? 아주머니가 대열에 끼어들자 먼저 와 있던 청년이 얼떨결에 튕겨 나갔다. 그 청년은 어이가 없다는 표정으로 우리를 쭉 훑어보았다. 모두 딴 곳을 바라보며 모른

척하고 있는데 할아버지께서 한마디 하셨다.

"젊은이, 세상이란 게 다 그런 거라네."

청년은 물끄러미 할아버지를 바라보더니 길 저편으로 뛰어가 금방 모습을 감췄다. 4~5분 지났을까? 길 저편으로 사라졌던 청년이 비에 흠뻑 젖은 채로 비닐우산 다섯 개를 옆구리에 끼고 나타났다. 그리곤 사람들에게 하나씩 건네주며 말했다.

"세상은 절대 그런 게 아닙니다."

청년은 다시 길 저편으로 비를 맞으며 사라졌고, 사람들은 잠시 멍하니 서 있다가 청년이 쥐여 준 우산을 쓰고 분주히 제 갈 길을 갔다. 그러나 처마 밑에 한 사람은 한동안 서있었다. 다름 아닌 청년에게 말을 건넨 할아버지였다. 할아버지는 한참을 고개를 숙이며 무언가를 생각하다 우산을 바닥에 놓고는 장대비 속으로 걸어 갔다. 행복 닷컴에서 보내온 글이다.

그렇다. 상식적으로 볼 때 문제는 풀리지 않는다. 위 상황을 볼 때 화부터 낼 일이다. 나부터 열린 마음을 가지고 작은 것부터 지금부터 즉시 행동으로 옮길 때 변화는 일어났다.

'마음을 열자, 능력 있게 보이려고 기를 쓰지 않았어도 사람들이 그를 존중해 주었다. 사는 게 그런 것이었다. 상대의 마음을 읽고 내 마음을 전하는 것 그리고 그렇게 소통해 가면서 하루하루를 즐기는 것, 그런 자잘한 일상이 모여 인생을 만들어가는 것이었다. 사람은 능력이 아니라 남에게 베푼 배려로 자신을 지키는 거야.' 한상복 작가는 『배려』에서 말하고 있다. 그리고 한 가지 희망을 걸어볼 만한 건, 내가 소신을 가지고 열린 마음으로 세상을 살아간다면, 나를 보고 누군가의 닫힌 마음이 열릴 수도 있다는 것이다. '세상은 절대 그런 게 아닙니다.'라고 당당히 말할 수 있는 사람이 많아졌으면 한다.

나는 오래전 몸이 불편하신 아버님 모시고 목욕탕에 갔다. 탕에 들어가야 하는데 불편하신 몸을 혼자 부축하는 데 한계가 있다. 그때 앉아서 몸을 닦던 젊은이가 벌떡 일어나 '제가 도와드릴까요?' 하며 아버님의 한 쪽 팔을 잡는다. 남을 돕는 데 용기를 낸 젊은이를 다시 한 번 보게 된다. 탕에 들어간 아버님도 나도 고맙다는 인사를 했다. 작아 보이는 행함이 큰 물결이 된다. 이토록 작은 사랑의 행위나 작은 모험이 인생을 즐겁게 만들어 준다. 인간답게 정을 주고받으며 살고 싶다는 생각이 가슴을 때린다. 행동으로 옮기면 감동이 된다.

제4장

지금부터

★

과거는 이미 지나갔다.
미래는 아직 오지 않았다.
가장 중요한 시간은 바로 지금이다.
오늘은 나와 당신에게 주어진 선물이다.
그래서 우리는 현재(present)를 선물(present)이라고 부른다.

시작이 반이다

기초, 기초, 기초, 기초가 중요하다

미국의 랜디포시 교수는 마지막 강의에서 '기초基礎부터 알기. 그것은 그레이엄 코치가 우리에게 준 커다란 선물이었다. 기초, 기초, 기초. 대학교수로 있으면서 많은 학생들이 손해를 보면서도 이 점을 무시하는 것을 보아 왔다. 당신은 반드시 기초부터 제대로 익혀야 한다. 그렇지 않으면 그 어떤 화려한 것도 해낼 수가 없다.' 고 했다.

기초基礎와 기본基本, 두 단어는 같은 의미를 갖고 있지만 기초는 아무것도 없는 상태에서 시작하는 것이고 기본은 갖추어진 상태에서 중심을 말하는 것이다. 무슨 일을 하든지 기초가 먼저이고 어느 정도 수준에 이르게 되면 기본이 쌓여간다. 무슨 일이든 기초가 튼튼해야 한다. 공부도, 운동도, 집을 지을 때도 기초가 핵심이다. 뒷심이 달리기 때문이라 한탄하는데 이것은 체력이 달리기 때문이다. 즉 기초가 부족하다는 것이다. 높은 곳에 오르려면 반드시 낮은 곳에서 시작해야 하고 먼 곳을 가려면 반드시 가까운 곳에서 시작해야 한다. 기초와 기본도 없이 급하게 응용만 하고자 하면 다음 단계로 도약할 수 없고 언젠가는 실력이 바닥나고 만다. 거듭 강조하여 말하지만 모든 일은 기초와 기본이 중요하다.

작고 시시하고 귀찮아 보이는 기초의 중요함은 두말할 필요가 없다. 너무너무 중요한 기초에서 쉽게 빨리빨리 하려는 유혹을 이겨내야만 나중에 더 아름다운 모습으로 발전하게 됨을 잊어서는 안 된다. '뿌리 깊은 나무는 바람에 흔들리지 않고, 샘이 깊은 물은 마르지 않는다.'는 용비어천가의 가르침을 기억하라.

'기본에 충실하라! 나는 늘 변화를 꾀하지만 기본을 잊지는 않는다. 마음이 위축되면 자세를 웅크리게 되고 반대로 해이해지면 자세가 벌어진다. 내 셋업 자세(set up, 볼을 치기 위한 준비 자세)는 서 있는 듯 편안하게 보이지만 실은 매우 견고하다. 기본이 튼튼하면 움직임이 훨씬 자유로워진다.'고 코리아탱크 최경주 골퍼는 말한다. 나무는 어릴 때 휘어잡아야 한다. 인간의 습관이나 성질은 어릴 때 바로잡아야 효과적이다.

그렇다. 무슨 일에든 의욕이 앞서고 욕심을 부리다 보면 기본자세가 흩어져 엉성하거나 과장된 자세로 인해 일을 망칠 때가 있음을 경험하게 된다. '기본이 답이다. 기본을 충실히 하는 것이 최고의 경쟁력이다.'란 말을 다시 한 번 마음에 새기길 바란다.

『위대한 시작』의 작가 고도원은 '작은 점 하나가 위대한 시작이다. 새로운 경험과 경이로운 만남이 점이 되고 그 점들이 이어져 선이 되고 이야기가 된다. 그 이야기가 빛나면 인생도 빛이 난다. 그 이야기가 위대하면 그 사람의 인생도 위대해진다.'고 말하고 있다.

첫 단추를 잘 끼워라

'휜 막대기에는 휜 그림자가 있다.'는 말이 있다. 어떤 일을 시작할 때 원인이 잘못되면 그 결과 또한 잘못된다는 뜻이다. 처음이 바르지 못하면 끝도 나쁘다. '첫 단추를 잘못 끼우면 마지막 단추를 끼울 구멍이 없다.'고 말한 독일의 시인 괴테의 말이 생각난다. 이 말은 시작의 중요성을 말하면서 일에는 순서가 있다는 뜻도 담고 있다. 거미도 거미줄을 칠 때 첫 줄을 만들 때 가장 많은 힘을 쏟아붓는다고 한다. 줄을 치고 약하다 싶으면 미련 없이 걷어내는 과정을 수차례 반복하면서 가장 질기고 강한 첫 줄을 만들어 자신의 거미줄을 완성한다고 한다.

그렇다. 시작에서 방향 착오를 하게 되면, 처음으로 복귀를 하고서 다시 새롭게 시작해야만 한다. 항상 신중해야 하는데, 단순한 감정에 의하여 일을 결정하고 실행하게 되면 쓸데없는 시간과 경비를 지불해야만 한다. 첫 단추를 잘못 끼우면 두 번째, 세 번째 단추도 잘못 끼워지게 되어 있다. 단추를 잘못 끼웠다는 것을 알았으면 그 사실을 숨기면 안 된다. 사실을 인정하고 첫 번째 단추를 고쳐 끼우는 것이 제일 좋은 방법이다.

나는 100km가 넘는 울트라마라톤대회에서 몇 차례 '알바'한 경험을 가지고 있다. 여기서 알바라 함은 '주로를 벗어나 다른 곳에서 헤매 헛일을 소모함'을 나타내는 마라톤이나 등산에서 사용하는 은어다. 마라톤에서는 체력도 중요하지만 더 중요한 게 바로 의지력이다. 알바를 하게 되면 심리상태가 무너지는데 그 의지력 저하를 극복하는 게 가장 급선무다. 맹목적인 추종성의 형태는 특히나 울트라마라톤에서 비일비재로 발생하는 촌극 중 하나다. 뒤따라 간 억울한 주자라 해도 소모된 시간과 거리는 보상되지 않는다. 고스란히 주자의 몫인 것이다. 이런 어려움을 겪어가면서까지 포기하지 않고 완주하는 주자들에게 박수를 보낸다. 일도 마찬가지이다. 첫 단추든 중간 단추든 잘못 끼운 단추라는 것을 알았을 때는 처음부터 다시 끼워야 한다.

일생의 계획은 어린 시절에, 일 년의 계획은 봄에, 하루의 계획은 새벽에 있다고 하지 않았던가. 어떤 일이든 계획을 세우고 준비하고 시작하는 첫 순간이 중요하다. 마음을 가다듬고 새롭게 시작된 일에 사랑과 정성을 품어야 한다. 그러나 조급해하지는 말아야 할 것이다. 아는 길도 물어 가라. 돌다리도 두드려 보고 건너라는 말이 있다. 한 번 뿐인 삶은 더욱 신중해야 후회를 줄일 수 있다.

당신은 첫 단추를 잘못 끼운 적이 없는가?

첫걸음의 중요성

어떤 일이든지 첫걸음부터 시작된다. 처음부터 위대한 일이 만들어지는 것이 아니다. 그 첫걸음은 매우 중요하다.

에디슨은 인류역사상 최초로 전구 실험을 해서 성공한 사람이다. 그런데 처음에는 그 전구가 얼마나 희미한지 촛불을 밝혀야 볼 수 있었다고 한다. 전구를 만들긴 했는데 촛불을 비춰놓고 봐야 볼 수 있었다. 그러나 그것이 첫걸음이었다.

라이트형제가 비행기를 처음 만들어 날렸을 때 그 비행기는 공중에서 불과 12초를 머물다가 떨어졌다. 그러나 불완전한 첫걸음, 그 첫걸음이 지금 우리가 비행기를 타고 다니도록 만들어 주었던 것이다.

인류 역사상 최초의 증기선이 미국 뉴욕에서 알바니를 향해서 나아갈 때 지금 배를 타고 가도 30분이면 넉넉히 걸릴 거리를 그당시만 해도 거의 30시간이 걸렸다고 한다. 그러나 최초의 첫걸음, 바로 그 증기기관의 고동소리와 함께 떠나갔던 배의 행진은 그 무엇보다도 중요했다.

인류 역사상 최초의 자동차 실험에서 자동차는 한 시간에 2마일을 갔다. 한 시간에 2마일… 그러니까 마차하고 같이 가노라면 자동차보다 마차가 먼저 갔다는 말이다. 그래서 그 당시 마차를 타고 가던 마부들이 '차라리 내 마차나 타라.'고 하면서 자동차를 비웃었다. 그러나 그렇게 출발했던 그 불완전한 자동차 시운전의 첫걸음은 너무도 중요했다.[1]

그렇다. 갓난아이가 걷기까지 1,500번 정도 넘어졌다 섰다를 반복한다고 한다. 작디작은 발을 가지고 떨어지지 않는 다리를 쭉 펴고 엉덩이를 일으키려 끙끙거린다. 끝내 일어나 아장아장 걸어가는 모습이 너무 대견하고 흐뭇하다.

우리가 시작한 첫걸음이 불완전해도 괜찮다. '시작이 반이다.'라는 말이 있다. 첫걸음의 중요성을 의미하는 말이다. 머릿속에 창의력을 동원하는 멋있는 상상과 계획도 중요하지만 이것을 실행에 옮기는 첫걸음은 더 중요한 것이다.

지금이 가장 빠르다

"여러분, 생각해 보세요. 지금이라도 알아서 얼마나 다행인가요. 지금이라도 만나서 얼마나 다행인가요. 지금이라도 할 수 있어서 얼마나 다행인가요. 우리에게는 아직 시간이 남아 있으니까요."[2]

1) 이동원, 「짧은 이야기 긴 감동」, 누가
2) 원영, 「지금이라도 알아서 다행인 것들」, 불광출판사

그렇다. 지금은 별것 아닌 것 같은데 나중에 시간이 흐르고 나면 아주 소중했다고 느껴질 때가 있다. 우리가 지금 해야 하는 일은 지난 일을 후회하는 것이 아니다. 그렇다고 아직 오지 않은 미래를 걱정하는 일도 아니다. 지금 주어진 시간을 충실하게 사용하는 것이다. 지금이라도 할 수 있어서 정말 다행이요, 감사할 일이다. 사람들에겐 누구나 하고 싶은 일이 있다. 이루고 싶은 목표와 달리 그저 즐거움을 위해, 호기심을 위해, 도전을 위해, 하고 싶은 일들이 있다. 지금 하고 싶은 일을 하지 못한다면 언제 할 것인가. 인생은 유한하고 젊음은 짧다. 재미있고 충실하게 살려면 하고 싶은 일은 지금 해야 한다.

인생에 모든 것이 딱 떨어지는 타이밍은 없다. 20대도, 30대도, 40대도 쉽고 두려움 없는 때란 없다. 인생의 신호등이 모두 파란불일 때도 없는 것이다. 앞으로도 완벽한 때는 없을 것이다. 중요한 일을 미루는 것은 불행한 사람들의 공통점이다. 그들은 지금은 때가 아니라고 실천을 미룬다. 그러면서 새해가 되면 내일부터, 다음 달부터, 내년부터 시작하겠다고 다짐을 한다. 새로운 시작을 위한 완벽한 타이밍은 없다. 공부하기에 좋은 시간도 운동하기에 좋은 계절도 없다. 실천하기 가장 좋은 날은 오늘이고 실행하기 가장 좋은 시간은 지금이다.

정말 시간이 없다면 지금이 아니라면 할 수 없는 일과 나이 들어 할 수 있는 일을 나눠보자. 예를 들면 나이 들어서도 영화는 볼 수 있지만 히말라야산맥 트레킹 같은 것은 힘들 수도 있다. 슬픔을 당하기 전에, 건강을 잃기 전에, 지금보다 더 나빠지기 전에, 한 살이라도 젊은 이 시간에 최선을 다하자. 늦었다고 생각한 지금 이 순간이 빠른 때다. 다른 방법은 없다.

'케 세라 세라que sera sera, 될 대로 돼라, 어떻게든 되겠지' 생각하며 계획 없이, 준비 없이 살아온 지난 시간을 생각한들 무슨 해답 있으랴. 인간관계도 주어진 일까지도 실수로 얼룩진 과거를 생각하면 답답한 마음뿐인 걸. 실수를 줄이는 방법은 배움이다. 요즘같이 인터넷이 발달한 시대에는 자신의 목표와 의지만 가지면 무엇이든 충분하다. 잘못된 생각과 나쁜 습관이 머무는 자리에 옳은 생각과 좋은 습관으로 덧씌우는 작업해 가면 된다.

과거는 이미 지나갔다. 미래는 아직 오지 않았다. 가장 중요한 시간은 바로 지금이다. 오늘은 나와 당신에게 주어진 선물이다. 그래서 우리는 현재present를 선물present이라고 부른다.

'이 세상에서 가장 중요한 시간은 현재이고, 가장 중요한 사람은 지금 내가 대하고 있는 사람이며 이 세상에서 가장 중요한 일은 지금 내 곁에 있는 사람에게 선을 행하는 일이다. 인간은 그것을 위해서 세상에 온 것이다. 그러므로 당신이 날마다 그때그때 그곳에서 만나는 사람에게 사랑과 선을 베풀어야 한다.'[3]

----
3) 레프 톨스토이 『사람은 무엇으로 사는가』, 동서문화사

오늘을 붙잡는 가장 쉬운 방법이란 '나부터·작은 것부터·지금부터' 계획한 바를 실천하는 길밖에 없다. 자신감 가지고 도전하라. 지금 이 시간이 나와 당신에게 주어진 최고의 선물이다. 오늘은 어제 죽은 이가 그토록 원하던 내일이었다. '언젠가' 하겠다는 말은 그 언젠가는 안 하겠다는 뜻의 또 다른 완곡한 표현일 뿐이다. 지그 지글러는 '행동하는 사람 2%가 행동하지 않는 사람 98%를 지배한다.'고 했다. 완벽을 추구하는 것보다 실행해 보는 것이 낫다.[4]

4) 권광영, 『톱리더의 조건』, 클라우드나인

시간을 아껴라

나는 내일을 기다리지 않는다

발레리나 강수진은 『나는 내일을 기다리지 않는다』에서 말한다. '내겐 오늘 하루 열심히 사는 것이 인생 목표였다. 나의 유일한 경쟁자는 어제의 나다. 눈을 뜨면 어제 살았던 삶보다 더 가슴 벅차고 열정적인 하루를 살려고 노력한다. 연습실에 들어서며 어제 한 연습보다 더 강도 높은 연습을 한 번, 1분이라도 더 하기로 마음먹는다. 어제를 넘어서 오늘을 사는 것, 이것이 내 삶의 모토다.'[5]

그녀의 성공 비결은 결국 3가지였다. 첫째, 지금 해야 할 일을 지금 하라. 둘째, 목표와 상관없는 일에 시간을 낭비하지 마라. 셋

---

5) 강수진, 『나는 내일을 기다리지 않는다』, 인플루엔셜

째, 일할 땐 오직 나에게만 집중하라. 발레리나 강수진은 온리 원의 삶을 살았기에 지금까지 최고의 자리를 놓치지 않을 수 있었다. 온리 원only one이 되면 곧 베스트 원best one이 될 수 있다.

그렇다. 시간은 확실한 보상을 가져온다. 시간은 모든 사람이 똑같이 공정하게 지니고 있는 한 가지 재산이다. 또한 시간은 갖고 있는 사람이 스스로 선택하여 쓸 수 있는 유일한 자산이기도 하다. 성공한 사람들은 대개 한 가지 일을 최소한 1만 시간 넘게 했다는 공통점을 가지고 있다. 지원도 없고 운도 기대할 수 없었지만 1만 시간의 법칙을 이해하고 이를 활용해 성공을 거머쥔 사람들이다. 1만 시간은 하루도 빠짐없이 매일 3시간을 투입하면 대략 10년이 되어야 뽑을 수 있는 긴 시간이다. 물론 집중하지 않으면 10년이 넘는 시간을 투자해도 이루어지지 않는다. 누구나 결심을 하지만 실천하는 사람이 적고, 실천하는 사람은 있어도 지속하는 사람은 드물다. 결심은 누구나 할 수 있지만 최고가 드문 것은 연습을 오래 지속하는 사람이 극소수이기 때문이다.

나를 가끔 만나는 사람은 나에게 묻는다.
"지금도 달리십니까?"
나는 그 질문에 이렇게 대답한다.
"네, 일주일에 6일은 달립니다. 그리고 주일은 쉽니다."
이와 같이 15년을 달려왔다. 하루 평균 12km를 달려 지구 1.5바퀴 65,000km를 달렸다. 2005년 100km 울트라마라톤대회에서 11

시간 8분으로 완주하였고, 8년 뒤, 동일한 대회에서 11시간 11분으로 완주하였다. 이와 같은 기록을 유지할 수 있었던 비결이라면 꾸준한 연습밖에 없다.

　연습은 '되풀이하여 익힘'을 의미한다. 연습을 하되 집중하면 연습의 효과가 높아진다. 사업을 하든, 운동선수의 길을 걷든, 아니면 직장에 다니든 간에 한 사람이 어떤 분야에서 성공하는 데에는 세 가지의 영향이 미친다. 주변의 지원Support, 타고난 운Luck, 그리고 투입한 시간Time이다. 그저 주어지기를 바랄 수밖에 없는 지원과 운에 비해 시간은 통제할 수 있고 만들 수도 있다.

　시간은 나를 기다려주지 않는다. '나작지'를 실천하며 살아가기 위해서는 우선 할 일이 있다. 자신이 태어난 이유를 아는 것, 자신의 꿈과 끼를 발견하는 것, 이루고자 하는 목표를 세우는 것, '나부터·작은 것부터·지금부터' 먼저 행하는 것, 이룰 때까지 집중하여 지속하는 것, 이 모두는 자신의 선택에 달려 있다.

시간은 금보다 귀하다

　한 소년이 고향에 살면서 호수에 조약돌을 던지는 일로 하루를 보내곤 했다. 소년은 그렇게 호수에 돌을 던지면서 고향에서 평생을 살았다. 그런데 어느 날 돌멩이를 던지는데 햇살에 돌멩이가 반짝 빛났다. 깜짝 놀라 자세히 살펴보니 그것은 금덩어리였다. 소년은 그동안 돌멩이가 아니라 금덩어리를 호수에 던진 것이었다. 그것은 바로 시간이라는 금덩어리였다.

영화 〈빠삐용(Papillon, '나비'라는 프랑스어)〉에서 재판장의 "너는 무슨 죄로 감옥에 온 것이냐?"라는 질문에 빠삐용이 "난 아무 죄도 없소이다."라고 말하자, 재판장은 "너는 너의 시간(인생)을 낭비한 죄로 여기에 있는 것이다."라고 일러주는 대사다. 이 한마디는 인생의 오후를 맞이한 지금 이 순간 더욱 절실히 가슴에 와 닿는다. 이후 빠삐용은 무엇인가를 깨닫고 수많은 탈옥 실패 후에 결국 탈옥하여 자유의 삶을 산다. 더 놀라운 것은 이 사건은 실화이다.

만약 누군가 86,400원을 그대에게 준다면 무엇을 하고 싶은가?

단, 조건은 오늘밤 12시가 되기 전까지 모두 남김없이 사용해야 한다. 오늘이 지나고 내일도 86,400원을 받는다면? 2일 뒤에도, 3일 뒤에도 매일 계속하여 받게 된다면 어디에 쓸 것인가? 이미 눈치를 챈 분도 있을 것이다. 하루는 24시간, 1,440분, 86,400초이다. 86,400원은 남겨두었다가 쓸 수는 없지만 하루가 지나면 언제나 새로 채워지는 바로 우리의 시간을 비유한 것이다. 똑같이 주어진 것에 대해 불평하는 것은 어리석은 짓이다. 이 돈을 어디에, 어떻게 사용하느냐에 따라 성공 여부가 가름된다.[6]

일해도 흐르지만 놀아도 흐르는 것이 시간, 누구에게나 공평하게 주어진 시간, 시간 관리를 잘하는 사람이 인생을 현명하게 사는 것이다. 또한 내 시간이 소중하듯 남의 시간도 소중하다는 것을 잊

----

6) 함병우, 『나를 위한 시간 혁명』, 국일미디어

어서는 안 된다.

한 시대를 호령했던 나폴레옹도 생을 마감하면서 '오늘 나의 이 불행은 언젠가 잘못 보낸 시간의 보복이다.'라는 말로 시간 활용의 의미를 깨우쳐 준다. 여러분은 오늘이 내 인생의 마지막 날이라면 어떻게 하루를 보내겠는가?

독일의 시인이며 극작가인 하우프트만은 '하루를 네 인생 최초의 날인 동시에 최후의 날인 것처럼 살아라.'는 말을 남겼다. 시간을 아껴라. 시간은 무한히 흘러가고 있지만 우리에게 주어진 시간은 무한하지 않다.

인간은 영원히 살 수 없다. 인생은 언제나 끝이 있다. 그리고 그 끝은 먼 훗날 온다는 보장도 없다. 당신의 인생은 내일이 끝이 될 수도 있다. '카르페 디엠carpe diem'은 '지금 살고 있는 현재 이 순간에 충실하라.'는 뜻의 라틴어이다. 현재에 충실할 때 자신이 원하는 것을 얻을 수 있고 누릴 수 있다.

그렇게 했는데도 아무 소득이 없으면 어떻게 하냐고요? 지혜로운 사람은 지나간 과거를 슬퍼하지도 않고, 오지 않는 미래를 걱정하지도 않는다.

나에게 주어진 시간은 얼마일까?
나에게 주어진 시간을 어떻게 쓸 것인가?

당장 천장을 잘라내세요

크라이슬러의 전 회장이자 CEO인 리 아이아코카가 컨버터블(지붕을 접었다 폈다 할 수 있는 승용차)을 개발할 때의 이야기다. 그는 표준 운영절차에 따라 수석 엔지니어에게 모델을 만들 것을 요청했다. 표준에 익숙한 엔지니어가 대답했다.

"좋습니다. 앞으로 9개월 안에 시제품을 만들겠습니다."

아이아코카는 격노하며 이렇게 말했다.

"무슨 말인지 못 알아듣는군요. 당장 차로 가서 천장을 잘라내세요!"

아이아코카는 즉시 시제품을 만들어냈고 그 차는 대성공을 거뒀다.

또 그는 '내가 처한 현실에서 어느 정도의 확신만 있어도 나는 행동으로 옮겼고, 결코 후회하는 일이 없었다. 모든 것이 완벽해질 때까지 기다리기만 하는 이들이야말로 사람을 미치게 만드는 자들이다.'라고 말하고 있다.

분명한 목표와 함께 하겠다는 의지가 만족이 되었을 때 모든 것이 일사천리로 진행된다. 운동을 하겠다는 의지, 책을 읽겠다는 의지, 금연을 하겠다는 의지 등, ~하겠다는 의지는 중요하다. 하지만 실천이 따르지 않으면 목표한 바를 이룰 수 없다.

그렇다. 지금 할 일과 나중에 할 일이 있다. 순서대로 하지 않으면 안 되는 일들이 있다. 물건의 조립도 그렇고, 옷을 입을 때도 그렇다. 하지만 일의 우선순위를 정하는 데 있어서는 일의 절박함을 따져야 한다. 이 일을 하지 않았을 때 해로운 것은 무엇인가, 이 일을 했을 때 이로운 것은 무엇인가를 따져보아야 한다. 사회나 타인에게 긍정적인 기여를 할 수 있으며 수익이라는 목표는 행동으로 이어지는 훌륭한 원동력이 되기도 한다.

'일의 우선순위를 정해 놓고 가장 중요하고 가장 소중한 것부터 먼저 행하는 것이 성공하는 중요한 습관이다.' 숀 코비의 말이다. 이렇듯 일의 우선순위를 정해놓고 일한다는 것은 시간도 효율적으로 사용할 수 있고 능률도 배로 올릴 수 있는 기본 바탕이다.

끊임없이 노력하고 간절하게 원하면 반드시 이겨낼 수 있다. 그 것을 불굴의 노력이라 말한다. 불굴은 온갖 여러 가지 어려움에도 전혀 굽히지 않는 그런 의지를 말한다. 불굴의 의지를 가지고 그 어떤 상황이 와도 무너지지 않도록 마음을 강하게 해야 한다. 할 수 없을 것 같지만 끊임없는 노력은 그것을 할 수 있게 만들어 준다.

'나중에, 다음에, 내일부터'가 아니다. '오늘부터, 지금부터'이다. 해암 스님은 『마음 비우기』에서 말한다. 나중에 하지, 그 나중에가 영영 오지 않을 수도 있다. 정신과 육체가 피곤하고 스트레스가 지금 이 순간을 짓눌러도 '나중에 하지.'라는 말을 아껴라. '나중에 하지.'라고 말하는 순간 가치와 행복은 영원히 찾을 수 없다. 영국 시인 에드워드 영은 '뒤로 미루는 것은 시간을 훔치는 것이다.'라고 말했다. 오늘 할 일을 내일로 미루지 않고 재빨리 실행에 옮길 수 있는 능력, 이것이 궁극적인 경쟁력이다.

당신은 당장 해야 할 일을 미루고 있지는 않는가?

사람이 희망이다

멀리 가려면 함께 가라

몇 차례 대표 후보에 올랐다가 번번이 탈락한 한 임원이 자신의 실적과 능력을 근거로 미국 본사에 억울함을 호소했다. 그런데 본사의 답변은 뜻밖이었다. 실적과 능력은 탁월하지만 리더가 되기에는 여러모로 부족하다는 것이었다. 그는 무엇이 부족했던 것일까. 본사에서 조목조목 짚어준 내용은 이러했다.

유머가 전혀 없고, 직원들에게 인간적인 관심을 보이지 않았다는 점, 그리고 무엇보다 경비 아저씨나 청소하는 아주머니에게 먼저 인사한 적이 없을뿐더러 그들의 인사도 받아주지 않았다는 것이었다. 그것이 그가 매번 탈락하는 결정적인 이유였다.

아프리카 속담에 '빨리 가려면 혼자 가고 멀리 가려면 함께 가라.'는 말이 있다. 사막도 많고 정글도 있는 아프리카에서는 열악한 환경과 무서운 짐승들 속에서 생존하려면 길동무 없이는 불가능하기 때문에 생긴 속담이다. 지금 우리가 살아가고 있는 시계화·지구촌화 환경에 꼭 알맞은 말이기도 하다.

'지구상에서 인간을 제거하는 방법은 의외로 간단하다. 그것은 인간에게서 인간성을 제거하는 것이다.'라 한다. '사람이 되고 나서야 글이 소용이 있다.'는 속담처럼, 아무리 지식이 많아도 행동이 사람답지 못하면 그 지식이 쓸모없음을 비유적으로 이르는 말이다. 좋은 지도자라면 능력과 인성을 두루 갖춰야 한다. 능력보다 인성이 중요한 것은 자명한 사실이다.

그렇다면 인성이란 무엇인가? 인성이란 사람들과 함께 할 수 있는 능력을 말한다. 사람들과 원만한 관계를 이루면서 협조하며 일하는 능력, 적극적으로 일하면서 사람들을 리드하는 능력, 그리고 책임감을 갖고 끝까지 일을 해내는 능력을 말한다. 인성은 공부해서 느는 것이 결코 아니다. 사람을 통해서 배우고 사람으로 인해 향상되는 것이다. 사람들과 부딪치면서 참는 법을 배우고 양보하는 법, 그리고 적을 내 편으로 만드는 방법 등 사람을 통해 배우게 되는 것이 인성이다. 미국 대학교 입학사정에서 질적으로 가장 중요한 요소는 바로 지원자의 인성이다. 인성교육은 자신의 내면을 바르고 건전하게 가꾸며 타인, 공동체, 자연과 더불어 사는 데 필요한 인간다운 성품과 역량을 기르는 교육이다.

장재혁, 최유진 교수 부부는 저서 『세계 최고의 학교는 왜 인성에 집중할까?』라는 책을 낸 뒤 진행한 북사인회에서 '필립스아카데미의 학습정신인 'non-sibi(not for self, 나 자신이 아닌 다른 사람을 위한)처럼 학습보다 인성이 우선이며 이는 학교, 단체 등에서 봉사활동, 협력 등 베푸는 경험을 통해 자연스럽게 형성돼야 한다.'고 강조했다. 또한 '무엇을 하느냐보다, 어떻게 하느냐가 중요하다. 더욱 중요한 것은 결과를 떠나 그것을 통해 무엇을 배웠느냐를 아는 것이다. 인성을 갖추면 사회 어디에서 누구를 만나든지 그들이 가진 배움과 지식을 더 잘 발휘할 것'이라고 덧붙였다. 멀리 가려면 함께 가야 한다. 함께 가려면 선배, 동료, 후배들에게 기본적인 예의를 다하는 나의 인성이 무엇보다 중요하다.

향나무는 자신을 찍는 도끼에 '향香'을 묻혀준다. 우리는 나를 찍는 도끼(비난, 미움, 배신, 모욕, 누명)에 어떤 향을 묻혀 주고 있나요?

대통령보다 더 중요한 사람

회사를 경영하는 여사장이 대통령 주재 백악관 만찬에 초청을 받았다. 웬만큼 성공한 사람에게도 쉽게 오지 않을 기회였다. 하지만 그녀는 비서에게 정중히 거절하라고 지시했다. 비서는 자기가 잘못 들은 줄 알고 되물었다.

"사장님, 정말 초대를 거절하시는 건가요? 일생에 한 번 올까 말까 한 기회인데요."

그녀는 비서의 눈을 바라보며 말했다.

"오늘 나는 신입사원들과 만나기로 약속되어 있어요. 당신도 그걸 잊지 않았지요?"

그때 그녀는 사업차 백악관이 있는 워싱턴 D.C.에 와 있었다. 그런데도 그녀는 신입사원들을 만나기로 한 댈러스로 달려갔다. 직원들과의 약속이 대통령을 만나는 것보다 훨씬 중요하다고 생각한 것이다. 자본금 5천 달러의 작은 가게를 오늘날 세계적인 화장품 회사로 성장시킨 '메리케이'의 창업자 '메리 케이 애시'의 이야기이다.

대통령의 초대는 크고 중요하며, 직원들과의 약속은 작고 덜 중요하다 생각되는가? 사업적 성공과 별개로 메리 케이는 인간관계의 정수를 올바르게 실천한 인맥의 달인이었다. 그녀는 직원들을 진심으로 사랑했으며 회사를 사랑이 넘치는 유기적 공동체로 만들고자 노력했다. 회사의 경영지표인 'P&L'은 손익계산서 Profit&Loss가 아니라 사람과 사랑People&Love이라는 것이 그녀의 신념이었다.

백악관으로부터 만찬에 초청을 거절하고, 신규 뷰티컨설턴트들과의 약속을 지키기 위해 댈러스로 달려간 메리 케이, 이러한 영향으로 메리케이의 직원들은 '다시 태어나도 이 회사에서 일하고 싶다.'고 자랑스럽게 말한다.

메리 케이는 평소 자신의 인간관계 원칙을 다음과 같이 설명했다. '나는 직원들을 만날 때마다 그들의 가슴에 나는 존중받고 싶다는 목걸이가 걸려 있다고 생각하고 그 사람을 대한다.' 곱씹을수록 정말 멋진 말이다.

그렇다. 인간관계는 그 무엇보다 중요하다. 나 자신이 중요하듯, 타인 또한 소중한 존재임을 인식하는 인간존중의식이 선행될 때 사회는 밝아지고 발전한다. 즉, 자신의 모습을 있는 그대로 인정하는 것처럼 타인의 모습도 그대로 인정하는 태도를 취해야 한다. 다른 사람의 말과 행동은 틀린 것이 아니라 다르다는 태도를 가져야 한다.

스타벅스 역시 세계 최고가 된 이유는 하워드 슐츠가 직원을 존중했기 때문이다. 하워드가 어렸을 때, 아버지가 회사에서 일을 하다가 다리를 다쳤는데 회사는 일을 못 한다며 아버지를 내쫓았다. 아버지가 일자리를 잃자 생활이 금세 나빠졌다. 하워드는 쫓겨난 아버지를 보며 생각했다. '내가 만약 회사 주인이 된다면 무엇보다 일하는 사람을 소중히 여길 거야.' 직원을 생각하는 마음이 남다른 하워드가 인간존중을 중요하게 생각한 이유이다. 대학을 졸업한 하워드는 물건 파는 일을 했는데 처음에는 많은 거절을 당하였다. 그래도 그는 열심히 일한 결과 3년 만에 회사의 부사장까지 되었고, 그 뒤 커피전문점을 인수해 스타벅스 1호점을 탄생시킨 것이다. '내 열정과 목표를 여러분과 함께 이루겠습니다. 모든 사람이 서로 존중하고 하나가 되면 회사가 더욱 튼튼해지고 발전할 수 있을 것입니다.' 하워드가 스타벅스의 회장이 되어 직원들에게 한 말이다.

어떤 조사에서 직장에 대한 만족도를 설문조사를 했는데, 월급을 올려줄 때보다 자신의 능력을 인정해 주고 배려해주는 부분에 사람들은 더 만족한다는 결과를 나타냈다. 돈이 최고인 줄 알았는데 사람들은 오히려 자신의 업무에 대한 성과를 내고 그것에 대해 인정받는 것을 더 중요하게 생각한다는 이야기다. 직원을 자산으로 여기고 그 자산을 소중히 여기는 인간존중의 경영정신이 요즘같이 인성을 강조하는 시대에 반드시 필요한 경영전략이다.

당신은 약속을 소중히 여기는가?
자신과의 약속, 타인과의 약속 중 어느 것이 중요한가?

사업은 사람이 전부다

미국의 IT기업이자 가장 일하고 싶은 기업 SAS, 회사에 많은 자산이 있지만 그중에서도 가장 중요한 자산이 바로 직원들이라는 확고한 철학을 가진 짐 굿나잇 회장은 종업원을 동료와 가족으로 생각하고 종업원의 복지와 만족을 최우선으로 생각하는 경영을 진행하고 있다.

'매일 저녁 내 자산의 95%가 운전을 해서 회사 정문을 빠져나갑니다. 그들이 매일 아침 다시 이곳으로 돌아오도록 환경을 조성하는 것이 내 임무이지요. 그들이 SAS에 제공하는 창의성이 우리의 경쟁우위 요소이기 때문입니다.' 그는 창업 이래 직원들이 매일 아침 출근하고 싶어 하는 꿈의 직장을 만들기 위해 노력했고, 그 결과로 SAS는 '포춘'이 미국에서 가장 일하기 좋은 100대 기업을 발표하기 시작한 1998년부터 올해까지 18년 동안 연속으로 일하기 좋은 기업 상위에 랭크되고 있다. SAS에는 비정규직이 없다. 레크레이션 강사부터 미용사, 정원사, 예술작품을 설치하는 미술가 등 직원들의 복지를 위해 일하는 200여 명에 달하는 인원을 포함한 모든 직원이 정직원이다.

SAS의 기업 철학 중 중요한 부분은 여기에서 일하는 직원들을 믿는 것이다. 만약 직원들이 발전할 것이라고 믿고 그들을 진심으로 대우한다면, 직원들은 그 기대에 맞추어 스스로 성장하고 발전하기 위해 노력할 것이다. 회사가 크기 위해서는 고객이 있어야 한다. 그리고 그 고객을 만족시킬 수 있는 사람은 바로 직원들이다. 회사의 리더라면 이 점을 절대 잊지 말아야 한다. 가장 좋은 고객 관리란, 업무에 뛰어나고 자신의 일을 즐기는 직원을 회사에 붙잡아두는 것이다.

'성공한 기업의 핵심은 사람이다! 사업은 사람이 전부다.'라고 말하는 일본이 낳은 경영의 신 마쓰시타 고노스케는 '만일 고객들이 마쓰시타 전기가 무엇을 만드는 회사냐고 물으면, 제품이 아닌 사람을 만드는 곳이라고 답하게나.'라고 말했다 한다.[7] 그렇다. 기업은 사람이 하는 것이고, 사람은 기업을 움직인다. 고로 기업의 성패를 좌우하는 것은 사람이다. 또 그런 사람을 만들어내는 것 역시 기업이다.

---

7) 마쓰시타 고노스케, 「사업은 사람이 전부다」, 중앙경제평론사

중국 고전에는 '무감어수 감어인無鑒於水 鑒於人'이라는 말이 있다. '물에다 얼굴을 비추지 말고, 사람들에게 자신을 비추어 보라.'는 뜻이다. 다시 말하면 거울이라는 표면에 비친 모습에 집착하지 말고 사람을 거울로 삼으라는 것이다. 이 말을 두고 『나무야 나무야』의 저자인 신영복 교수는 사람들과의 사업 속에 자신을 세우고, 사람들의 어깨동무 속에서 흔들리지 않는 바위처럼 살아가기를 요구하는 말이라고 얘기한다.[8] 사업은 사람을 중심으로 발전해가며, 그 성패는 적절한 사람을 얻고 쓰는 것과 밀접하게 연관되어 있다.

많고 많은 사람 중에 한 명은 별것 아닌 것처럼 보일 수 있다. 하지만 의주 거상 가포 임상옥은 '사업이란 이익을 남기기보다 사람을 남기기 위한 것이다. 사람은 장사로부터 얻을 수 있는 최고의 이윤이며 신용은 장사로부터 얻을 수 있는 최대의 자산이다.'고 했다. 어떤 세일즈맨은 이렇게 말한다. '한 사람 뒤에는 백 명의 고객이 있다.' 고로 한 사람은 아주 많이 중요하다.

미래를 준비하는 리더라면 반드시 사람에 집중하라!

망치로 모든 걸 꺼낼 수는 없다

어떤 사람이 지혜를 얻기 위해 현자를 찾아가 제자가 되었다. 그런데 스승은 3년이 지나도록 아무것도 가르쳐주지 않았다. 불만에

---

8) 신영복, 『나무야 나무야』, 돌베개

찬 제자가 스승에게 따졌다.

"스승님, 이제 뭐 좀 가르쳐줘야 할 거 아닙니까?"

스승은 대답 대신 질문을 하나 던졌다.

"저기 벽돌 창고 안에 많은 금괴가 있다고 하자. 그걸 어떻게 꺼낼 수 있겠는가?" 제자는 망설이지 않고 대답했다.

"그야 망치로 벽돌을 깨뜨려야죠."

"맞아, 금괴를 얻으려면 그렇게 해야지. 그러면 하나 더 묻겠다. 여기 있는 독수리 알에서 생명을 꺼내려면 어떻게 해야 할까?" 제자는 잠시 고민하더니 이렇게 말했다.

"따뜻하게 품어주고 오래 기다려야죠."

그렇다. 토끼를 잡으려면 토끼의 귀를 잡고, 고양이를 잡으려면 고양이 목덜미를 잡고, 사람을 잡으려면 사람의 마음을 잡으라 했다. 세상 모든 일이 힘으로 해결되지 않는다. 고생하지 않고 귀한 것을 얻을 수 없듯이 소중한 것일수록 따뜻하게 품어주고 오래 기다려야 얻을 수 있다.

아말고사 사막의 한복판 우물에는 펌프가 하나 있다고 한다. 사막을 여행하는 사람들은 이곳에서 목을 축이고 휴식을 취한다. 그런데 우물가에는 이런 글씨가 써 붙여져 있다. '이 펌프는 정상입니다. 왼쪽 바위 밑에 물병이 있습니다. 이 물병의 물을 붓고 펌프질을 하십시오. 그러면 시원한 생수가 솟구칠 것입니다. 사용 후에는 다음 나그네를 위해 물병에 물을 채워 바위 밑에 놓아주시기

바랍니다.'

　그렇다. 생수를 얻으려면 반드시 땀 흘리는 수고로움이 있어야 한다. 그리고 마중물이 필요하다. 목이 마르다고 그것을 마셔버리면 사막의 우물은 영영 생수를 길어 올릴 수 없다. 우리도 소중한 것을 얻으려면 잠시 갈증을 인내하는 기다림과 힘든 펌프질이 필요하다. 그리고 남을 배려할 줄 아는 마음도 필요하다. 사랑한다는 것은 관심을 갖는 것이며, 존중하는 것이다. 사랑한다는 것은 책임감을 느끼는 것이며 이해하는 것이고, 사랑한다는 것은 주는 것이다.

　사람의 마음을 잡는 당신만의 비결은 무엇인가?

배워서 남 주자

현명해지고 싶나요?

한 사나이가 현명한 사람에게 찾아가 물었다.

"당신은 어떻게 해서 현명한 사람이 되셨나요?" 현명한 사람이 대답했다.

"글쎄요, 식용유보다 등유에 더 많은 돈을 썼더니 현인이라 부르더군요."

그렇다. 한 치 앞을 내다볼 수 없는 시대를 극복해나가는 비결은 역시 공부에 있다. 식용유보다 등유에 더 많은 돈을 쓴 유대인의 사고와 다르지 않다. 배우는 과정은 결과보다 훨씬 더 중요하기 때문이다. 지금도 늦지 않았다. 삶을 변화시킬 수 있는 기회는 얼마든지 있다. 이제 식용유보다 등유에 돈을 더 쓸 때 생각의 힘은 커지고 지혜롭게 된다는 진리를 되새겨야 할 시간이다.[9]

'지혜를 얻은 자와 명철을 얻은 자는 복이 있나니 이는 지혜를 얻는 것이 은을 얻는 것보다 낫고 그 이익이 정금보다 낫다.'고 솔로몬은 말한다. 지혜가 모든 복을 가져오는 열쇠이기 때문이다. 옛날에는 전기가 없어 등유를 사용한 등잔불을 밝혀 책을 읽었다. 현명해지려면 등유에 더 많은 돈을 투자해야 한다. 지금은 모든 조건이 부족해도 나중에는 만족하는 일이 일어나게 될 것이다. 나의 마음 있는 곳에 뜻이 있고, 뜻 있는 곳에 길이 있다고 한다. 제아무리 좋은 지혜의 가르침이라고 하더라도 스스로 관찰하고 경험하지 않는 한 그것은 지식일 뿐이다.

지식을 얻으려면 공부를 해야 하지만, 지혜를 얻으려면 관찰을 해야 한다. 책 읽기, 글쓰기, 컴퓨터, 바둑 등 배움에 투자하면 마음이 풍요해지고 지식이 쌓여 생활의 지혜가 되고 어떤 일에도 자신감이 생겨나 당당한 삶으로 즐거움이 더한다. 사람의 몸이나 뇌는 많이 사용하면 할수록 기능이 좋아지고 덜 쓰면 덜 쓸수록 퇴화한다는 용불용설用不用說이 있다. 그냥 사는 것이 아니라 잘 사는 것, 현명하게 잘 사는 것이 중요하다. 15년을 쉼 없이 달려온 나의 허벅지는 정말이지 참으로 건강미가 철철 넘치는 매력 덩어리다. 이토록 잘 만들어진 허벅지가 망가질까 봐 달리기를 멈출 수 없다.

---

9) 임재성, 『지금 내게 탈무드가 필요한 이유』, 도서출판 평단

당신은 지혜가 필요하지 않는가?

당신은 지혜를 얻기 위해 어떤 노력을 하고 있는가?

돌아봄이 생명이다

세종대왕께서는 나라를 잘 다스리려면 이전에 세상을 다스린 자취를 살펴보아야 하며, 그 자취를 살펴보려면 오로지 역사의 기록을 상고하여야 한다고 갈파하신 일이 있다. 그러니 자신을 잘 다스리려면 마찬가지로 이전에 자신이 걸어온 길을 살펴보면 될 일이다. 그런데 자신은 어떻게 돌아볼 수 있을까? 자신을 직면하려면 거울에서 자신의 민낯을 있는 그대로 보아야 비로소 고칠 수도, 꾸밀 수도 있는 것이다.

중국의 당태종이 '정관의 치治'라 불리는 태평성대를 이루며 중국 역사상 손꼽히는 황제가 될 수 있었던 비결은 세 가지 거울을 곁에 둔 덕분이었다. 그것은 바로 얼굴을 비춰보는 도구로서의 거울, 충신이라는 거울, 역사란 거울이다. 정확히 말하면 당태종은 거울을 보듯 피드백을 통해 수양하고자 했다. 그는 신료들과 국사를 논하는 자리에서 항상 즐거운 모습을 보이고자 애썼다. 신료들의 논쟁과 진언을 충분히 듣고 정치와 교화의 득실을 가늠하기 위해서였다. 또한 위징, 방현령 등 자신의 부족함을 비춰줄 거울 같은 스승급 신하를 곁에 두고 천하를 다스렸다. 훗날 위징이 죽자 태종은 슬퍼하며 이런 말을 남겼다.

'구리로 거울을 만들면 의관을 단정히 할 수 있고, 역사를 거울로 삼으면 흥망성쇠와 왕조교체의 원인을 알 수 있으며, 사람을 거울로 삼으면 자신의 득실을 분명히 알 수 있다. 나는 일찍이 이 세 가지 거울을 가진 덕분에 허물을 막을 수 있었다. 이제 위징이 죽었으니 짐은 거울 하나를 잃고 말았다.'[10]

오늘을 살아가는 우리들은 자신을 돌아보는 일뿐 아니라 공동체를 돌아보는 일에도 우리는 많은 취약점을 안고 살아가고 있다. 핵가족으로 인해 가족공동체의 개념이 붕괴되고 축소되면서, 노인 문제가 사회적인 이슈로 대두되고 있고, 또한 개인주의의 확산으로 인해 공동체를 꾸려가는 일이 점점 힘들어지고 있고, 인간관계를 형성하는 데에도 많은 어려움을 안고 살아가고 있다.

그렇다. 돌아봄이 생명이요, 돌아봄이야말로 사람이 사람 되어지는 일이 아닐까? 그런 의미에서 먼저 나 자신을 돌아보는 일에 게으르지 말아야겠다는 생각을 갖게 된다. 나에게 자신을 돌아볼 수 있는 시간이란 새벽에 드리는 기도 시간, 책을 읽는 시간, 달리는 시간, 여행하는 시간 등이 있다.

81세의 신진 화가

그는 29세가 되던 해부터 현금출납원으로 일하기 시작했다. 월급을 모아 과자 도매상을 차려 꽤 돈을 모았고, 77세가 되는 해에

---

10) 김성회, 『리더를 위한 한자 인문학』, 도서출판 북스톤

은퇴했다. 그 후에는 노인학교에 가서 잡담을 하거나 체스를 두는 조용한 날들이 이어졌다. 이제 인생을 마무리하는 일만 있을 것 같았다. 그가 81세가 되던 해였다. 한 젊은 자원봉사자가 그에게 다가왔다.

"할아버지, 오늘은 왜 혼자 계시나요?" 그날은 함께 체스를 둬주던 친구가 몸이 불편해 못 나온 날이었다. 할 일이 없어 멍하게 있는 할아버지가 자원봉사자의 눈에 띈 것이다.

"그냥 그렇게 앉아계시지 말고 미술실에 가서 그림이나 그려보시겠어요?" 노인은 껄껄대며 웃었다.

"나는 한 번도 붓을 구경한 적이 없네."

"걱정하실 필요 없어요. 그냥 재미로 한번 해보는 건데요."

"나이가 많아서 손도 떨리는데……."

하지만 달리 할 일도 없었기에 노인은 재미삼아 그림을 그려보았다. 생각보다 그리는 것은 재미있었으며 노인의 눈은 반짝반짝 빛났다. 붓을 잡은 손은 떨렸지만 그때부터 그는 매일 거르지 않고 그림을 그렸다. 이후 10주간의 미술 교육과정을 마치고 그림을 그리기 시작해서 내놓았는데, 미술계의 평가가 아주 좋았다.

이윽고 노인의 그림은 '원시의 눈을 가진 미국의 샤갈'이 그린 그림으로 일컬어지며 불티나게 팔려나갔다. 노인의 이름은 해리 리버만이다. 그는 81세에 미술을 시작했고 101세가 되던 해에 22번째 전시회를 가졌으며, 103세에 생을 마감했다.

다음은 본명보다 별명으로 잘 알려진 미국의 대표적인 민속 화가 안나 매리 로버트슨 모제스(그랜마 모제스, Grandma Moses)의 이야기이다. 1860년 뉴욕 주 북부의 작은 농촌에서 태어난 그녀는 열 명의 형제들과 함께 자란 평범한 소녀였다. 남다른 것이 있었다면 그림을 좋아했다는 것 정도였다.

하지만 그녀는 열두 살의 어린 나이에 부모 곁을 떠나 농부의 아내가 되어 열 명의 아이를 낳아 길렀다. 그녀가 자신만의 시간을 가지게 된 것은 남편이 세상을 떠나고 아들이 농장을 떠맡은 67세부터였다. 그때부터 그녀는 예쁜 그림을 보면 자수를 놓기 시작했다. 하지만 나이와 함께 찾아온 관절염 탓에 그마저도 힘들어 그녀는 대신 그림을 그리기 시작했다. 그저 그림이 좋아서 그리고 또 그렸다.

그러던 어느 날 한 예술품 수집가가 그녀의 작품에 끌려 개인전을 마련해 주었다. 그때 그녀의 나이 81세였다. 농촌의 소박한 모습을 그려 과거에 대한 향수를 불러일으키는 그녀의 작품들은 미국 전역에서 큰 인기를 끌었으며, 그녀는 세상을 떠날 때까지 누구보다 왕성한 활동을 하며 총 1,600여 점의 작품을 그렸다. 그랜마 모제스는 76세에 처음 붓을 들어 101세에 세상을 떠나기까지 미국의 국민화가로 불렸다. 그녀는 실력을 인정받아 1941년 뉴욕 주 메달을 받았고, 1949년에는 트루먼 대통령으로부터 여성 프레스클럽상을 수상하였다.

그는 자신의 성공에 대해 묻는 사람들에게 말했다. '삶은 우리 자신이 만드는 것이다. 늘 그래 왔고 앞으로도 그럴 것이다.' 그랜마 모제스의 말에는 삶에 대한 긍정의 에너지와 창조정신이 가득

차 있다. 진정으로 좋아하고 즐기는 일은 나이를 먹어도 지속할 수 있는 힘이 있다. 그녀는 가난과 배우지 못한 아쉬움을 극복하고 황혼기에 정점을 찍으며 멋지게 인생을 장식한 꿈의 인생이다.

'나는 안 된다, 나는 할 수 없다.'고 말하지 마라.

일본의 100세 할머니가 국내 수영대회에서 1,500m를 완영했다고 CNN이 2015년 4월 5일 보도했다. 그의 기록은 1시간 15분 54초였다. 일본 나가오카 할머니는 아픈 무릎 통증에 수영이 좋다는 아들의 권유로 동네 수영장을 찾았는데 그때 나이가 80세. 수영장에서 25m를 헤엄칠 수 있기까지 꼬박 1년이 걸렸다.

점점 실력이 늘자 욕심이 생겼고, 87세부터 미국, 이탈리아, 뉴질랜드 등에서 열린 세계 대회에 출전, 90세에 처음으로 은메달을 따는 쾌거를 올렸다. 그리고 95세 땐 배영 200m 종목에서 첫 세계 기록을 세웠고 96-99세 체급의 최강자로 군림하면서 신기록을 세워 나갔다.

나가오카 할머니는 아마추어 동인회 대회인 마스터스 수영 선수권의 세계 챔피언이 되었고, 2년마다 열리는 세계 대회에서 지금까지 메달 60개를 땄다. 그리고 95-99세 체급에서 세운 세계 신기록만 11개에 달하고 주± 종목인 배영은 적수가 없으며 자유형, 평형에서도 메달을 땄다. 그녀는 말한다. '앞으로도 도전하며 살 거예요. 눈감는 날까지요.'

그렇다. 사람은 그 누구도 나이 듦을 탓할 수 없다. 그러나 배움은 끝이 없다. 지금부터 도전하라. 새로운 것을 배우다 보면 활력이 넘친다. 지적자극이 곧 사람을 젊게 만든다. 성공하는 사람은 성공할 때까지 계속하는 사람이다.

당신은 히렐보다 가난한가?

그는 청년 시절부터 공부에 대한 열망이 대단했다. 그러나 찢어지게 가난해서 공부할 기회를 얻지 못했다. 하루 벌어 하루 먹고 사는 동안 어느덧 나이 서른을 훌쩍 넘기게 된 그는 한 가지 결심을 했다. 체력이 버틸 때까지 열심히 일해서 돈을 벌고, 그 돈을 아껴서 반은 생활비로 반은 학비로 쓰는 것이었다.

그런데 배운 것이 없는 그의 직업은 대부분 몸으로 때우는 막노동이었다. 급여가 적었다. 학비를 대기엔 터무니없이 부족했다. 새벽부터 다음 날 새벽까지 일해도 모자랐다. 그는 학교에 사정 얘기를 하고 돈을 낸 만큼 수업을 듣기로 했다. 그마저도 쉽지 않아서 두 달쯤 지나자 수업료는 고사하고 빵조차 사먹지 못하는 처지가 되었다. 하지만 공부 맛을 본 그는 중도에 포기할 수가 없었다. 다행히 지붕에는 채광을 위해 작은 창문을 하나 내었는데, 그곳을 통해 교실 안도 훤히 보이고 선생님 목소리도 들을 수 있었다.

그렇게 겨울이 왔고 눈보라가 휘몰아치기 시작했다. 어느 추운 겨울밤에도 그는 학교 지붕에 올라가 수업을 엿들었다. 그러다가 추위에 떨며 잠이 들고 말았다. 이튿날 날씨가 화창한 데도 교실 안이 어둑한 것을 수상하게 여긴 교사들이 눈을 쓸어내리려고 지붕

위에 올라갔다가 눈에 파묻힌 그를 발견했다. 그날부터 그는 배움에 대한 열정을 인정받아 무료로 공부할 수 있게 되었고, 유대인 역사상 가장 위대한 스승으로 남게 되었다. 유대인이 가장 존경하는 인물로 꼽는 랍비 히렐의 이야기로, 누군가 나이와 가난을 핑계로 공부하지 못했다고 변명하면 그들은 이렇게 묻는다고 한다.

'당신은 히렐보다 가난한가?'

나이가 많다고, 생활이 궁핍하다고, 환경을 탓하며 이 핑계 저 핑계로 꿈을 버리지 마라. 몸은 늙어도 뇌는 늙지 않는다. 배우려는 의지만 있다면 나도 당신도 할 수 있다. 공자는 배움의 필요성을 말하며 배움이란 임금에게도 선비에게도 꼭 필요하다고 말한다. 이것은 말을 다룰 때도, 활을 쏠 때도 배움이 있어야 제대로 쓸 수 있다는 것을 말하려 한 것이다. 그럼에도 제자인 자로는 공자의 말을 흘려들었다. 이렇게 말대꾸까지 합니다.

"화살을 만드는 소나무는 아무도 가르쳐주지 않아도 바르게 자라고, 그것을 잘라서 화살을 만들면 잘도 꽂힙니다. 그런데 골치 아프게 공부가 무슨 소용입니까?"

이에 공자는 다음과 같이 말한다.

"그 화살 역시 뒤에 깃털을 꽂으면 더 힘 있게 날아갈 것이고, 앞에 화살촉을 박으면 더 깊이 꽂힌다. 이것이 바로 배움의 힘이다!"

이 대답을 들은 자로는 꾸준한 배움으로 공자의 훌륭한 제자가 되었다고 한다.

일찍이 철학자 쇼펜하우어가 '더 이상 배우고 싶다는 욕망이 생기지 않을 때가 곧 청춘이 끝나는 시점'이라고 말했듯이, 삶은 곧 배움의 과정이며 공부야말로 인생을 젊게 사는 가장 좋은 방법이다. '회사란 돈을 받고 배우는 학교다.'란 말이 있다. 그래서 인생은 배움에서 시작하여 배움으로 끝난다고 한다. 멀쩡한 사지백체四肢百體 가지고 돈 받으며 배우는 데 불평 불만할 이유가 없지 않는가. 꽃봉오리는 언젠가 피어나기에 배움만 그치지 않는다면, 희망만 놓지 않는다면, 밀물은 반드시 온다는 진리를 저버리지 않는다면 감사하며 살아가지 못할 일이 없다.

그렇다. '일만 하는 사람은 하수下手입니다. 상수上手는 일도 하고 공부도 하는 사람입니다. 말하자면 문무文武를 갖춰야 하는 겁니다. 세계 최고, 세계 일등이 되려면 이론을 알아야 합니다. 저는 이론신봉자입니다. 이론을 알고 난 다음에 내가 수정해서 적용하는 겁니다. 진짜 공부는 학교가 아닌 사회에서 하는 겁니다. 깨닫는 것이죠. 득도한다는 말도 있잖아요. 자기 스스로 깨달음을 찾아가는 겁니다.' 이장우 브랜드 마케팅 그룹 회장의 말이다. 일이 공부가 되고 공부가 일이 되는 삶, 일도 배움도 끝이 없다.

배우자! 배워서 남 주자!

05

뜨거운 열정

페달을 밟자! 더욱 힘차게!

투르 드 프랑스le Tour de France는 1903년에 창설된 프랑스 도로 일주 사이클 대회로, 매년 7월 약 3주 동안 프랑스 전역과 인접 국가를 일주한다. 장기 레이스인 데다가 난코스가 악명 높아 '지옥의 레이스'로도 불린다. 대회 기간과 구간 및 거리가 해마다 조금씩 다르다. 일반적으로 21~23일 정도이고, 대략 4,000km로 1개의 프롤로그와 20~21개의 구간으로 이루어지며, 하루에 한 구간을 달린다. 그리고 '투르 드 유럽'이라는 대회는 '투르 드 프랑스' 대회를 훨씬 뛰어넘어 유럽 14개국을 횡단하여 5,000km를 자전거로 달리는 대회이다. 이 대회에 출전한 선수들은 다음과 같은 극한 상황을 맞을 때마다 이렇게 외친다.

바깥 기온은 무려 48℃로 치솟았다!

"페달을 밟자! 더욱 힘차게!"

길을 잘못 들어 레이스가 30km나 더 늘었다!

"페달을 밟자! 더욱 힘차게!"

전방에 고개가 3개나 있다!

"페달을 밟자! 더욱 힘차게!"

갈비뼈가 부러져 2주 정도는 안정을 취해야 한다!

"그래도 페달을 밟자! 더욱 힘차게!"

오늘 밤 묵을 호텔에 온수가 나오지 않는답니다!

"페달을 밟자! 더욱 힘차게!"

이것이 정답이다. 단 하나의 원칙, '페달을 밟는 것' 외에는 달리 해결책이 없다. 그렇다, 직접 몸으로 부딪히는 인생이 멋있다. 떠오르는 태양을 향해 힘차게 페달을 밟은 8명의 선수 전원은 37일 후 모두 골인 지점에 도착했다. 그리고 모두 자전거를 머리 위로 높이 쳐들고는 서로의 얼굴을 마주보며 눈물이 뒤범벅되어 외쳤다. '정말 미안하지만 우린 멋진 놈들이다!'[11] 제임스 스키너의 『열정 100℃』에 실린 글이다.

이들은 뜨거운 열정을 가지고 더 큰 자신감을 가지고 청춘의 몸과 마음으로 살아가고 있다. 당신은 무엇을 위해 살고 있는가? 그들이 했다면 당신도 할 수 있다. 죽기 전에 나의 모든 것을 태워 일하고 싶다.

11) 제임스 스키너, 『열정 100℃』, 국일미디어

나의 한계는 어디인가. 멋진 놈은 아니더라도 시시한 놈은 되지 말자.

　그렇다. 성공의 정의는 '끝까지 해내는 것'이라 한다. 성공을 거머쥐는 방법은 단순하다. 된다고 생각하면 되고, 안 된다고 생각하면 안 된다. 자신을 믿으며 하고픈 일에 매진하는 것이 성공이요 행복이다. 고정관념의 감옥에서 벗어나라. 성공은 오직 열정 가지고 노력하는 자들의 것이다. 성공은 지능지수, 재능에서 오는 것이 아니고 열정과 끈기에서 온다는 것을 잊지 말자. 열정은 쉽게 말해 단순한 변덕으로 눈앞의 과제를 포기하지 않는 집념이다. 나역시 마라톤대회에 나가 힘이 들어 체력이 떨어지려 하면 완주를 위해 수없이 외친다. 페달을 밟자! 더욱 힘차게!

　스스로 길을 만들어라.
　성공의 길은 내 안에 있음을 믿어라.

가난해서 춤을 추었다

　'나는 어머니의 자궁 속에서부터 춤을 추기 시작했다.' 현대무용의 어머니, 이사도라 덩컨의 말이다. 그녀는 평생토록 춤을 추었지만 언제나 가난했고, 가난했지만 평생토록 춤을 추었다. 가난이 춤 외에는 모든 것을 잊게 했고, 가난이 그녀를 보다 더 큰 무대로 내몰았다. 희망과 열정, 그녀의 삶과 예술은 이 두 낱말로 요약될 수 있다.[12]

----

12) 홍영철, 「너는 가슴을 따라 살고 있는가」, 북스넛

이사도라 덩컨은 어린 시절 학교보다 도서관에서 성장했다. 아버지와 한때 애인이었던 도서관 사서는 덩컨을 각별하게 대했다. 사서는 소설, 시, 좋은 책, 나쁜 책 마음껏 읽을 수 있도록 배려했다. 덩컨은 책을 읽고 돌아오는 숲길에서 맨발로 춤을 추었다고 한다. 도서관에 가지 않는 날은 인적이 드문 숲 속이나 바닷가를 찾아 나체로 춤을 추었다. 나무와 물결과 하나가 되어 리듬을 탔다.

덩컨은 회고록에서 바닷가에서 가난하게 자란 것을 무척 감사하게 생각한다고 적었다. 바다는 덩컨에게 중요했다. 춤 동작도 파도의 리듬에서 나왔다. 달빛만 고요히 비치는 바닷가에서 일렁이는 물결이 만들어내는 무늬는 자기표현의 길을 안내했다.

인생의 10%가 아니라 전부를 던져 살아야 한다고 강조했던 그녀는 내 인생은 오직 두 개의 동기를 갖고 있다. 사랑과 예술이 그것인데 이들은 끊임없이 싸운다. 왜냐하면 사랑도, 예술도 나의 전부를 요구하기 때문이다. 현대무용의 개척자 이사도라 덩컨의 삶은 자신의 말대로 치열하게 그녀를 요구한 사랑과 예술에 바쳐진 생애였다.

인생의 싸움에서 가장 이기기 힘든 상대는 누구일까? 사회 시스템일까, 경쟁상대의 실력일까, 금수저, 흙수저의 계급론일까? 살다 보면 혼자 힘으로 감당하기 힘든 어려움에 직면할 때가 있다. 수없이 고비를 직면하고 맞서며 살아가게 되는 것, 그것이 바로 인생이다. 그럴 때마다 좌절하고 낙심할 것인가? 아니다. 그럴 때일수록 이루고 싶은 것들을 찾아 열정 더하여 희망을 품어야 한다.

성공은 열정의 정도에 비례한다

하버드대 경영대학원 교수인 로버트 스티븐 캐플런의 『나와 마주서는 용기』에서는 다음과 같이 말했다.

'당신이 아무리 뛰어난 재능을 지녔다 해도 힘든 시기는 찾아오기 마련이다. 그 어려운 시기를 헤쳐 나갈 수 있는 원동력은 무엇일까? 그 답은 바로 당신의 열정이다. 열정은 어려움을 극복하고 암울한 시기를 뚫고 나가도록 도와주는 필수 동력이다. 그리고 역경을 극복하여 일과 삶에서 가치 있는 의미를 찾을 수 있도록 돕는다.'[13]

그렇다. 성공은 열정의 정도에 비례한다. 한 사람의 인생은 그 사람이 가진 열정에 의해 결정된다. 열정의 온도도 중요하지만 열정의 방향이 더 중요하다. 열정이라는 단어는 여유로운 삶을 추구하는 데 반드시 필요한 요소다.

그럼 열정熱情이란 무엇인가? 열정이란 말을 풀어 보면 '뜨겁게

---

13) 로버트 스티븐 캐플런, 『나와 마주서는 용기』, 비즈니스북스

타오름'을 뜻하는 '열熱'과 '마음의 움직임'을 뜻하는 '정情'으로 되어 있다. 즉 열정은 '뜨겁게 타오르는 마음의 움직임'이란 의미이다. 그리고 사전적 의미를 보면 '어떤 일에 열렬한 애정을 가지고 열중하는 마음'이라고 정의하고 있다. 이를 보면 열정이란 어떤 일에 강력한 행동을 할 수 있도록 내면에서 뜨겁게 불타오르는 강렬한 에너지라고 할 수 있다. 열정이란, '하고 싶은 일을 위하여 기꺼이 수고하는 것, 힘들고 어려워도 참고 견디며 하는 것'이다.

나는 열정 있는 삶을 원한다. 마음이 설레는 일을 지속하고 자유롭게 그리고 떳떳하게 살고 싶다. 성공이나 달인은 되지 못하더라도 좋아하는 일을 계속할 수 있다는 점에 커다란 가치가 있다. 서툴러도 열정이 있는 삶이 아름답다.

사람의 몸속에 딱 한 곳만은 암이 생기지 않는다. 그곳은 심장이다. 암이란 어떤 부위의 기능이 떨어지면 생긴다. 하지만 심장은 뜨거운 피가 흐르기 때문에 절대 생기지 않는다.

남들이 '너 미친 거 아니냐? 라고 말한다면 제대로 하고 있는 증거이다.'라고 에어비앤비 창업자인 조 게비아는 말한다.

'그래, 넌 미쳤어. 이건 비밀인데… 멋진 사람들은 다 미쳤단다!'[14] 루이스 캐럴의 『이상한 나라의 앨리스』에 나온 명대사이다.

당신은 원하는 목표를 위해서 얼마나 많은 노력을 하고 있는가?

---

14) 루이스 캐럴, 『이상한 나라의 앨리스』, 소와다리

절망에서 벗어나는 길은 열정과 끈기로 노력하는 것밖에 없다. 슬럼프에 빠진 운동선수들이 슬럼프에 빠지게 되면 다시 기본기를 반복하여 연습하므로 위기를 극복하고 더 성장하게 된다. 이러한 열정이 당신의 뜻대로 살겠다는 의지적 표현이다. 뜨거운 열정을 가지고 사는 사람은 어떤 일을 위하여 기꺼이 땀과 눈물을 흘릴 준비가 된 사람이다. 나이가 들어도 열정만 있으면 청년이라고 생각한다. 성공에 있어 필요한 키워드는 많다. 하지만 가장 기본이 되어야 하는 것은 본인의 열정이라고 본다. 괴테는 말한다. '그대의 마음속에 식지 않는 열과 성의를 가져라. 당신은 드디어 일생의 빛을 얻을 것이다.'

열망과 열정이 이끄는 삶을 살아야 한다. 열정을 뜻하는 영어 단어 'Passion'은 아픔이라는 의미의 'passio'를 어원으로 한다. 그렇다. 열정에는 아픔이 따른다. 그 아픔이란 눈앞에 당장 보이는 달콤함을 미래의 꿈을 위해 포기하는 데서 온다.[15] 스티브 잡스는 '돈을 위해 열정적으로 일한 것이 아니라, 열정적으로 일했더니 돈이 생겨 있더라.'고 말했다. 이제 어려서부터 지금까지 반복하여 배워온 성공한 삶의 정석, 자기계발의 기본인 '나부터 · 작은것부터 · 지금부터'라는 공식을 적용하여 열정을 불살라 보자.

당신은 '열정(Passion, 熱情)'을 가졌는가?

---

15) 김난도, 「아프니까 청춘이다」, 쌤앤파커스

열정 없이 이루어진 것은 없다

성경책을 방문판매하는 회사가 있었다. 회사에는 많은 판매사원이 있었는데, 그 가운데 발음이 매우 어눌한 한 판매사원이 매달 놀라운 판매 실적을 거뒀다. 사장이 궁금해서 그 비결을 물었다.

"그그그건 아아아주 가가가간단합니다. 우우선 초초초인종을 누누누르고 사사사람이 나나나오면 이이렇게 마말합니다. 서서서 성경책을 사사사시겠습니까? 아아아니면 제제제가 드드드들어가서 이이읽어 드드드드드릴까요? 그그그러면 다다다다들 현현현관에서 구구구매를 하합니다."[16]

성경책을 산 사람은 두 종류일 것이다. 판매 사원의 열정에 반한 사람, 아니면 끝까지 듣는 것이 귀찮아서 빨리 사는 사람…. 말이 어눌하여도 내가 장점이라 믿으면 장점이 될 수 있다.

언어장애가 있던 이가 청년이 돼서 정치에 뜻을 품고 선거 유세를 하러 나가게 되었다.

"여러분, 저는 언어장애가 있다는 것 때문에 오랜 시간을 괴로워했습니다. 하지만 지금은 저의 언어장애 때문에 제 생각과 의지를 전부 전하지 못할지도 모른다는 생각에 두렵습니다. 인내심을 가지고 저의 말을 들어주십시오. 저의 서툰 발음이 아니라 그 속에 담긴 저의 생각과 의지에 귀 기울여 주셨으면 합니다." 그때 누군

---

16) 최규상, 『긍정力 사전』, 작은씨앗

가 소리쳤다.

"하지만 집단을 대표하는 사람에게 언어장애가 있다는 것은 치명적인 결점입니다!"

그러자 그는 어눌하지만 단호한 목소리로 말했다.

"나는 말은 잘 못하지만 거짓말은 안 합니다." 이 사람이 캐나다 총리 장 크리스티앙이다. 그는 1963년 스물아홉 나이로 하원의원에 당선되었고, 신체장애에도 불구하고 93년 총리가 된 이후 세 번이나 다시 총리에 발탁되었다.

그렇다. 신체장애를 넘어 자신의 분야에서 최고가 될 수 있었던 비결은 순수한 열정이다. '만약 당신의 아들딸에게 단 하나의 재능만을 줄 수 있다면 열정을 주어라.' 미국의 광고인 브루스 바튼의 말이다. 위대한 것 치고 열정 없이 이루어진 것은 없다.

구세군 118년 역사상 개인으로 1,120억 원이란 최고의 헌금을 내 화제가 된 크록 맥도널드 회장은 원래 종이컵 행상을 했다. 그는 종이컵을 팔아 모은 돈으로 시카고에서 햄버거와 감자튀김 장사를 시작했다. 그는 빵이 가장 맛있게 익는 온도와 고기를 가장 부드럽게 익히는 법 등을 꼼꼼하게 메모했다. 이 연구를 토대로 1955년 맥도널드를 설립해 세계적인 기업으로 성장시켰다. 그때 나이 52세였다.

중년의 고개를 넘어 창업을 한 그의 성공 비결은 무엇일까? 맥도널드의 경영 철학은 열정과 경험이라고 한다. 크록은 직원들에게 사업가에게 가장 필요한 것은 박사 학위가 아니라 열정熱情이라고 했다. 또한 음식을 직접 만들고 배달한 사람만이 회사의 중역이 될 수 있다고 말한다. 능력도 중요하지만 열정이 능력보다 더 중요하다는 것이다. 지금도 맥도널드는 밤 11시에 문을 닫지만 점원들은 새벽 2시가 넘어야 퇴근한다. 모든 기계를 뜯어서 소독하고 재조립하기 때문이다. 이들은 고객을 감동시키기 위한 정열情熱로 일을 한다는 것이다.

'너는 왜 평범하게 노력하는가. 시시하게 살길 원치 않으면서!' 미국의 35대 대통령 존 F. 케네디가 한 말이다. 멋진 말이다. 내 안에 꿈틀거리는 뜨거움, 내 안의 숨은 열정, 그 뜨거운 열정을 불태워보자.

성실함의 대가

06

생명을 키우는 것은?

할아버지는 작은 씨앗이 담긴 종이컵을 아이에게 주었다. 그리고 작은 장난감 컵으로 매일 물을 줄 수 있겠느냐고 물었다. 아이는 몇 주일 째 매일 물을 주었다. 어느 날 종이컵 속에서 초록빛 싹이 났다. 아이는 감동했다. 그리고 할아버지에게 물었다.

"할아버지, 생명을 키우는 게 물이에요?" 할아버지가 답했다.

"아니란다. 생명을 키우는 건 성실함이란다."

그렇다. 성실은 옛날부터 지금까지 사람이 갖추어야 할 필수덕목이다. 부지런하면 밥을 굶을 일이 적고 성공할 확률도 높아지며 사람들에게 인정받을 수 있기 때문이다. 성실함 하나로 살아가고 있는 사람이 남에게 감동을 주지 못했다는 예는 이제까지 하나도 없다. 한편, 성실과는 거리가 먼 사람이 남에게 감동을 주었다는 예도 이제까지 하나도 없다.

한국의 부자들이 생각하는 성공적인 부자 요건으로 한결같이 성실을 강조하였다. 성실은 자수성가형 부자들의 필수요건이며 성실을 빼고는 아무런 결과를 기대할 수 없다. 경제적 자유를 누리기 위해서는 무엇보다 성실함을 보여야 한다. 성실함 속에는 양심껏 일하고 사소한 일에 있어서도 가볍게 여기지 않고 신중한 육체적 외적 성실은 기본이고, 타인을 배려하는 정신적인 내적 성실까지를 포함하여야 한다. 성실함이 단지 열심히 살아가는 것만을 의미하는 것은 아니다. 성실한 사람은 다른 이들에게 폐를 끼치지 않는다. 성실한 사람은 다른 이에게 본이 된다. 곧 나의 행동이 다른 사람들에게 좋은 영향력을 끼치도록 행동하는 것이 성실이다.

'성실성이 성공의 첩경입니다. 성실하지 못한 것이 불성실입니다. 불성실은 실패의 근본요인이 됩니다. 사실, 성실의 반대말은 실성입니다. 성실하지 않으면 실성합니다. 성공의 사닥다리를 발 빠르게 올라가고 남을 앞지르는 영악한 잔꾀가 사람을 성공시킬 것처럼 보이지만 한순간일 뿐입니다.'[17] '프로가 된다는 것은 자신이 사랑하는 일을, 하고 싶은 기분이 들지 않는 날에도 열심히 한다는 뜻이다.' NBA 농구 선수 줄리어스 어빙이 한 말이다.

---

17) 조봉희, 『두 배 기적의 리더 엘리사』, 누가

성실함과 책임감을 가진 사람

강철왕 카네기가 은퇴하기 전에 후계자를 발표하던 때였다. 막대한 부와 명예를 가질 수 있는 그 자리에 과연 어떤 사람이 앉게 될 것인가 전 세계의 이목이 쏠리고 있었다. 카네기는 후계자로 의외의 인물인 쉬브를 임명했는데 그는 중학교도 나오지 못한 데다가 회사에 청소부로 입사한 사람이라 모두가 놀랐다. 그가 카네기의 후계자가 될 것이라고는 어떤 사람도 예상하지 못했다. 심지어 쉬브 자신도 매우 놀랐다. 카네기는 쉬브를 후계자로 지명한 이유로 성실성과 책임감을 들었다.

'쉬브 씨는 내가 유일하게 이름을 알고 있는 청소부였네. 정원을 청소하라고 하면 항상 그 주변까지 즐겁게 자발적으로 청소를 하곤 했지. 내 비서 일을 할 때는 나의 일거수일투족을 공부하며 기록하더군. 업무 시간이 끝나도 내가 퇴근을 하기 전에는 항상 자리를 지켰네. 이런 사람에게 회사를 물려주지 않으면 어떤 사람에게 물려주겠나? 좋은 대학을 나오고 유능한 사람은 매년 수만 명씩 나타나지만 이런 성실성과 책임감을 가진 사람은 좀처럼 나타나지 않는 법이지.'

카네기는 쉬브에게 사장 자리를 물려주면서 '자네의 성실함으로 인해 이 회사가 성장하리라 믿네. 이 회사를 성장시키는 데 필요한 것은 학력이 아닐세. 어떤 문제에 부딪혔을 때 그것을 해결하는 정신적인 자세가 가장 중요한 것이라네. 자네에게 지식과 충고가 필요하면 박사, 석사학위를 가진 사람을 채용하면 되니 그 점은 염려 말게.'라고 말했다.

인생에 정답은 없지만, 노력의 대가는 반드시 있는 법이다. 성실성과 책임감이 강한 사람을 흔히 부지런한 개미에 비유하곤 한다. 기업에서도 구직자에게 가장 원하는 역량으로 63.1%가 성실성과 책임감이 높은 인재를 1순위로 꼽았다. 2위가 긍정적이고 활동성이 높은 인재(10.7%)이고 3위는 전문성을 갖춘 인재(9.7%)이다. 이 조사를 통해 알 수 있는 것은 스펙만으로 취업의 문을 통과할 수 없다는 것이다.

도산 안창호 선생은 소년 시절, 새로운 서구 문명과 신학문을 배우기 위해 미국으로 건너가 공부를 하였다. 낯선 이국에서 생활비와 학비를 해결하며 혼자 공부하기란 여간 힘든 일이 아니었다. 그래서 소년 안창호는 틈틈이 남의 집 청소를 하며 생활을 꾸려나갔다. 그날도 안창호는 어떤 미국인의 저택에서 1시간에 1달러씩 받기로 하고 청소를 시작했다. 그는 평소와 다름없이 집안 구석구석을 부지런히 쓸고 닦았다. 쉴 새 없이 일하는 그의 이마에서는 어느새 굵은 땀이 뚝뚝 흘러내렸다. 소년 안창호가 청소하는 모습을 베란다에서 물끄러미 지켜본 집주인은 남다른 그의 성실함에 감탄하였다.

자기 집이라도 저렇게 열심히 일하기가 쉽지 않은데 시간제로 고용되어 청소하는 사람이 저토록 열심히 일을 하다니 도대체 이해가 되지 않을 정도였다. 몇 시간 후 소년 안창호는 청소를 마치고 집 주인과 마주 섰다. 그의 손길이 닿은 넓은 저택은 먼지 하나 없이 반짝반짝 윤이 났고 그의 얼굴은 빨갛게 달아올라 있었다. 미국인은 소년답지 않은 그의 마음 씀씀이가 기특해 돈을 지불하기 전 그에게 몇 가지를 물어 보았다.

"지금껏 나는 소년처럼 열심히 일하는 사람을 본 적이 없어요. 도대체 어느 나라 사람이지요?"

"예, 저는 동방의 작은 나라 한국에서 왔습니다."

소년 안창호는 서툰 영어지만 또박또박 대답을 했다. 그러자 그 미국인은 원래 약속했던 것에서 50센트씩을 더 가산해 안창호의 손에 쥐여 주었다.

그렇다. 도산은 '작은 일을 하든, 큰일을 하든, 모든 일에 충실하자.'는 것을 생활신조로 삼았다. 그리고 도산은 미국에 살고 있는 조선인 노동자들의 피폐한 삶을 보고 동포들의 생활을 개선하는 일에 헌신하였다. 먼저 누군가가 적은 일에 모범을 보일 때에 그 일은 전파되고 전염되는 힘을 발휘한다. 먼저는 일에 대한 성실함이요, 다음은 일에 대한 책임감이 강해야 한다. 책임감이 있는 이는 역사의 주인主人이요, 책임감이 없는 이는 역사의 객客이다. '성실은 어디서나 통용될 수 있는 유일한 화폐. 성실이야말로 가장 우수한 화폐다. 성실이야말로 가장 우수한 정책이다.'라는 서양 격언도 있다.

'성실을 얻는 데는 5가지 덕목이 있다. 첫째 널리 배우는 것, 둘째 자세히 묻는 것, 셋째 조심스럽게 생각하는 것, 넷째 분명하게 판별하는 것, 다섯째 독실하게 행하는 것이다.'라고 유교 경전인 『중용』에서는 말한다.

성실함의 대가

빈민가에서 태어난 열다섯 살의 흑인 소년 콜린은 아르바이트 자리를 찾기 위해 오늘도 저녁 늦게까지 거리를 헤매고 다니다가 콜라 회사에서 바닥을 청소하는 사람을 구한다는 전단을 보고 달려가 일을 시작했다. 하루는 50여 개의 콜라 병이 바닥에 떨어져 유리조각과 콜라가 범벅이 되었지만 아무도 도와주지 않는 가운데 콜린 혼자서 다 정리를 했다. 그해 여름의 일을 끝내고 내년에 다시 채용하겠다는 약속을 받아냈다. 다음 해 콜라 공장을 찾았을 때는 청소 대신 음료주입기를 맡았다. 그리고 여름이 다갈 무렵 음료 주입 팀의 주책임자로 승진했다. 그의 성실함 때문이었다.

자메이카 이민 2세인 그는 어떤 꿈이든 이룰 수 있는 나라가 바로 미국이라고 믿고, 반드시 아메리카 드림을 실현하리라는 강한 목표와 집념을 가지고 있었다. 소년은 정직과 성실과 투지와 고귀한 꿈을 가지고 사회에 나온 후 더욱 열심히 일했다. 어른이 된 콜린은 콜라 공장에서 얻은 교훈이 자신의 삶을 성공적으로 이끌었다고 털어놓았다.

'모든 일은 나름대로의 가치를 가집니다. 어떤 일에서든 최선을 다하면 누군가는 나를 일으켜 줍니다. 최선을 지향하여 최고가 되려는 큰 꿈을 갖고 성실하게 일하면 그 대가는 반드시 주어집니다.' 그 소년이 바로 미국 최연소 합참의장, 최초의 흑인 국무장관 콜린 파월이다.

그는 아들인 마이클 파월에게 '나는 나의 인종에 대해 개의치 않는다. 나는 마이너 리그에서 뛰는 데는 관심이 없다. 나는 코트 중

앙에서 뛰고 싶다. 누군가 경기에서 이기고 싶다면 반드시 나를 이겨야만 할 것이다.'라고 그가 소수 인종이라는 이유로 스스로를 과소평가하지 않도록 격려했다.

또 남다른 성실성을 가진 사람을 소개한다. '남이 할 수 있다면 나도 할 수 있다!'는 당찬 성실함을 가진 가난한 집의 4번째 아이. 가난 때문에 입양되고 학업도 포기한 채 의료기기 사업을 시작한다. 그러나 경제 불황으로 대실패. 파산. 아내마저 그를 떠나고 두 살배기 아들과 지하철 화장실을 전전하는 노숙자 신세로 전락. 그러던 어느 날 눈에 들어온 증권 중개소의 인턴십 공고. '내가 어떻게 하겠어? 가난하고 배우지도 못했고 게다가 흑인인데… 하지만 나는! Homeless이지만 Hopeless는 아니야.'

도전이 가져온 황금 같은 기회. 화장실 가는 시간을 아끼려고 물도 마시지 않았고, 하루 200명의 고객들과 통화하겠다는 다짐을 단 하루도 어기지 않았다. 인턴십 기간 동안 그의 성실함을 눈여겨 본 대형 투자사의 대표. '우리 회사에서 일해 보겠나?' 스카우트 4년 만에 독립 회사 설립. 10년 후 1,000만 달러의 수익 돌파! 지금은 2억 달러의 억만장자가 된 홀딩스 인터내셔널 최고경영자 크리스 가드너의 이야기이다.

'설마 내가 저렇게 좋은 건물을 가진 회사에서 일할 수 있겠어?', '배운 것도 없는데 주식중개인이 될 수 있겠어?'

가드너는 이런 회의감을 품지 않았다. 남이 할 수 있다면 나도 할 수 있다는 희망을 가졌다. 아무리 귀인을 만난다고, 좋은 정보를 많이 알고 있어도 스스로 받아들이지 않고 행동으로 옮기지 않으면 기회는 날아가고 만다. 어떤 우연도 우연히 일어나지 않는다. 운명을 만드는 것은 누군가의 욕망이다. 긍정적 생각의 힘과 나를 믿는 것, 그리고 끝까지 열심히 해내는 것이 중요하다.

나는 안 되는구나! 하고 포기하고 싶은 때가 있다. 그때 그 자리에서 다시 시작하라. '세상에서 가장 큰 선물은 자기 자신에게 기회를 주는 삶이다.' 크리스 가드너의 말이다. 크리스 가드너의 실화를 다룬 인생 이야기 〈행복을 찾아서〉는 삶이 힘들다 느껴질 때도 일어서야 함을 느끼게 해주는 영화이다. 굳이 성공한 삶이 아니더라도 행복한 삶을 포기할 수는 없지 않는가. 기회를 위해 준비하고 또 준비하였다가 만일 기회가 주어진다면 반갑게 여유롭게 맞이하는 센스를 발휘해 보자.

인생 역전의 신화

인생역전의 신화를 쓴 오프라 윈프리의 어린 시절은 방송을 만나기 전까지는 절망적인 삶 그 자체였다. 1954년 가난한 10대 미혼모의 사생아로 태어나 불과 9살 어린 나이에 사촌에게 성폭행을 당하였고, 마약에 손을 댔고 본인도 14살에 어머니와 같은 미혼모가 되는 기구한 운명의 길을 걸었다. 세상에 대한 불만과 자신의 삶에 대한 원망으로 살아가던 그녀에게 친아버지의 헌신적인 노력과 변화를 찾기 위해 보게 된 책 속에서 세상을 긍정적으로 살아갈 수 있는 지혜와 용기를 얻는다. 이것이 그녀가 절망과 불행의 늪에서 빠져나오는 계기가 되었으며 그녀는 마침내 새로운 삶을 살기로 결심하게 된다.

　그녀는 고등학교 재학 중이던 17살에 지역 방송 라디오 프로그램 미스블랙 선발대회에서 우승하게 된다. 바로 오프라 윈프리의 인생 역전의 첫발자국을 떼는 순간이었다. 그녀는 대학을 진학하고서도 틈틈이 지역 방송사에서 일하였다. 그녀의 즉흥적인 감정 전달과 카리스마가 있는 진행은 시청자와 방송사에서 방송진행자로서 인정을 받아 저녁 시간 토크쇼 방송에서 낮 시간 토크쇼로 방송시간을 옮긴다. 1983년 낮 시간대 30분짜리 토크쇼를 진행하다가 가장 인기가 많았던 필 도너휴의 토크쇼를 넘어서며 동 시간대 시청률 1위를 기록한다.

　1986년 드디어 자신의 이름을 딴 〈오프라 윈프리 쇼〉를 진행하게 된다. 토크쇼 진행을 맡은 그녀와 대통령부터 마약중독자에 이르기까지 3만여 명의 출연자가 함께한 진솔한 감정이 담긴 이야기는 25년간 지구촌 140여 개국의 수많은 사람에 전달되었다. 가난한 사생아, 흑인 여성, 뚱뚱하고 못생긴 외모 등 모든 악조건을 이겨내고 위대한 성공신화를 이루어 인생 역전에 성공하여 돈과 명예, 인기를 한 몸에 받은 오프라 윈프리는 자신이 가진 부와 명예를 가난하고 어려운 환경에 지구촌 이웃에게 기부와 봉사활동을 하며 약자들의 등불이 되고 있다.

　미국 토크쇼의 여왕이자 성공한 여성의 상징 오프라 윈프리는

'인생에 실패라는 것은 없다. 실패는 우리를 또 다른 방향으로 이끄는 삶일 뿐이다. 여러분이 할 수 있는 가장 큰 모험은 바로 여러분이 꿈꿔오던 삶을 사는 것이다.'라 말한다.

　옛날 유럽의 어떤 장원 영주가 산책길에 자신이 고용하고 있는 젊은 정원사가 땀을 흘리면서 부지런히 일하는 것을 보았다. 정원사는 정원을 구석구석 아름답게 손질하고 있을 뿐 아니라 나무 화분마다 꽃을 조각하는 일에도 열심이었다. 이 광경을 지켜본 영주는 정원사에게 이렇게 물었다.

　"자네는 화분에 꽃을 조각한다고 해서 품삯을 더 받는 것도 아닌데, 왜 그토록 정성을 다하는가?"

　그러자 젊은 정원사는 이렇게 대답했다.

　"저는 이 정원을 몹시 사랑합니다. 제가 맡은 일을 다 한 다음에 시간이 남으면 화분에 꽃을 새겨 넣고 있는데, 저는 이 일이 한없이 즐겁습니다."

　이 말을 들은 영주는 젊은 정원사가 너무 기특하고 또 손재주도 있는 것 같아 그에게 조각 공부를 시켰다. 그리고 마침내 젊은이는 큰 뜻을 이뤘다. 르네상스 최고의 조각가이자, 건축가이며, 화가인 미켈란젤로의 이야기이다.

　내가 가장 잘할 수 있는 것이 무엇인가? 모든 것을 다 할 줄 아는 사람이 되기보다는 당신이 최고가 될 수 있는 분야가 무엇인가를 알아내고 그 동기와 이유에 집중하여 행동하면 된다.

밀고 나가자

'이 세상에서 꾸준함을 대신할 수 있는 것은 없다. 재능도 할 수 없다. 재능이 있지만 성공하지 못한 사람들이 얼마나 흔한가. 천재성도 할 수 없다. 결실 없는 천재성에 대한 이야기는 우스갯소리일 정도니까. 교육으로도 대신할 수 없다. 세상에는 교육 많이 받은 멍청이들이 가득하다. 꾸준함과 결단력만이 모든 걸 이룬다.

'밀고 나가자.'라는 구호야말로 언제나 인류의 문제를 해결해 왔고 해결할 수 있다.' 미국의 제30대 대통령 쿨리지의 말이다.

어떤 어려운 상황도 자세히 들여다보면 빠져나갈 출구가 있게 마련이다. 그래, 좋다. 밀고 나가자. 다음은 최근 미국 침례교 회보에 실린 짧은 글이다. '한 걸음으로 너무 멀리 가려고 하지 말라. 너는 걸음을 계속해야 한다. 한마디 말로 네가 누구인가를 말하려 하지 말라. 너는 말을 계속해야 한다. 1인치의 성장으로 너무 크려고 하지 말라. 너는 계속 성장을 해야 한다. 하나의 행동으로 모든 것을 이루려고 하지 말라. 너는 계속 행동해야 한다.'

그렇다. 칼을 뽑았거든 썩은 나무라도 베어보라는 말이 있다. 해도 될까? 실패를 하면 어쩌지? 하면서 망설이는 동안 기회란 새는 멀리멀리 날아가 버리고 만다. 한 번만 더, 1퍼센트만 더 하지 못해 주저앉고 마는 사람들을 보면 안타깝다. 기다리는 것은 힘들지만, 기다리지 않는 시간보다 훨씬 행복하다. 인생의 참된 가치는 기다림과 땀 흘림에 있다. 도중에 포기하지 마라. 망설이지 마라. 최후의 성공을 거둘 때까지 밀고 나가자! 헨리 포드의 말이다.

미국의 50세 된 중년 남자가 친한 친구에게 자신의 고민을 털어놓았다.

"나는 변호사가 되고 싶은데, 지금 시작해도 로스쿨을 마치려면 5년이나 걸리니 55세나 되어야 될 것 같네……." 이 이야기를 들은 친구가 반문했다.

"자네가 로스쿨을 안 가면 5년 후에는 몇 살이 될 건데?"[18]

임민택의 『수다쟁이 예수님』에서 인용한 이야기이다.

일을 시작하든 안 하든 시간은 간다. 기다려주지 않는 시간을 내 것으로 만들 방법은 자신이 좋아하는 일을 하는 길밖에 없다. 저들이 했기에 나도 할 수 있다는 긍정가지고 열정에 인내를 더하여야 한다. 손자병법의 「모공편」에 '지피지기知彼知己면 백전불태百戰不殆'라 '적을 알고 나를 알면 백 번 싸워도 위태롭지 않다.'는 말이 있다. 가치 있는 일을 찾아 가치 있는 경험을 하고 가치 있는 삶을 살아가기 위해서는 먼저 자신을 알고 자신을 이겨야 한다. 목표를 정해 준비하고 책을 통해 이슈 인물들을 만나 그들에게 배우고 집중하여 밀고 나가자!

독립운동가 월남 이상재 선생은 "유시무종有始無終은 많으나 유시유종有始有終은 드물다."고 말했다. 이는 많은 사람이 일의 시작은 잘하면서도 그 일을 끝까지 마무리하여 유종의 미를 거두기는 쉽

----

18) 임민택, 『수다쟁이 예수님』, 기쁨마당

지 않다는 말이다. 초심을 잃었다는 것은 교만이 싹트기 시작했다는 것이고, 겸손한 마음을 상실해 가고 있다는 것이다. 사람들이 모인 곳에 가면 '처음처럼'이란 구호가 여기저기서 들린다. 나부터 행하는 일만 남았다.

내가 준비한 건배사는 '나작지'이다.
'나부터! 작은 것부터! 지금부터!'이다.

나는 이 책을 읽는 청소년과 중·노년 모두에게 동기유발이 되고 도전의식을 자극하길 바란다. 이 책에 실린 내용이 다 아는 내용이고 뻔하다 할지라도 내 머리에 넣고 몸이 반응할 때까지 행하지 않으면 그림의 떡이 된다. 좋은 글 정도로, 고리타분한 잔소리로 끝나지 않기 위해 성실함과 꾸준함이 필요한 때이다. 당신은 무엇을 하는 데 이 성실함과 꾸준함을 사용하고 있는가? 생생한 꿈은 반드시 이루어진다. 내가 꿈을 이루면 나 자신은 또 다른 누군가의 꿈이 된다. 저들이 했기에 나도 할 수 있다는 긍정을 가지고 열정 더하여 매진하기 바란다.

첫째, 둘째, 셋째도 한결같이 절실한 꿈은 무엇인가?

'나부터·작은 것부터·지금부터'가 당신이 꿈꾸는 멋진 삶을 응원한다. God bless you!

Epilogue

나는 누구인가? 나는 이 세상에 하나밖에 없는 소중한 사람이다. 그 누구의 삶도 두 번 주어지지 않는다. 그렇다면 무엇을 하며 어떻게 살 것인가?

나는 15년 전 대책 없이 불어난 몸무게를 줄이기 위해 걷기 시작했다. 하루도 빠짐없이 하루 60분씩 3개월을 하고 나니 별 볼 일 없던 나의 몸과 삶에 변화가 일어났다. 매일 걷는 동안 나만의 시간을 가짐으로 지난 나의 삶을 돌아보게 되었고 앞으로의 삶도 걱정하게 된 것이다. 건강하면 어떤 일도 할 수 있지만 건강하지 못하면 하고 싶은 일은 고사하고 먹는 것도 가려서 먹어야 하는 불행이 닥친다는 사실을 알기에 건강을 위해 걷고 또 걸었다. 규칙적인 운동은 건강뿐 아니라 나에게 전에 없던 성실과 정직, 자신감, 절제, 긍정적·적극적 자세, 시간 활용의 중요성, 좋은 습관 등을 갖게 하였다. 이제 나쁜 상황이란 없다.

  100세 시대라 하는데, 그래 나부터 시작하자. 작은 것부터 시작하자. 지금부터 시작하자. 내가 좋아하는 것, 잘할 수 있는 것, 가슴이 시키는 것 말이다. 내가 변해야 한다. 그러기 위해서는 먼저 배우자. 그렇지 않고서는 급변하는 세상을 이길 힘과 방법이 없음을 깨달았다. 걷기와 달리기라는 단순한 운동을 통해 얻은 자신감 가지고 처음 시작한 일이 독서이다. 6년 동안 2,000권의 책을 읽으며 각 분야의 수많은 멘토들을 만났다. 그들은 이구동성으로 나에게 속삭였다 아니 큰 소리로 외쳤다. 목표를 세우라고, 실천하라고, 실천하되 집중하라고 그리고 포기하지 말라고 말이다.

  그래서 만든 것이 나의 사명서와 꿈의 목록이다. 나의 사명서는 내 생명을 어떻게 사용할 것인지 구체적으로 조정하고 감독해주는 내 인생의 지침서이다. 가정에는 가훈, 학교에는 교훈, 회사에는 사훈이 존재한다. 나의 사명서는 나의 의사와 행동을 선택하고 결정하는 데 있어 지침이 되는 개인 헌법이라 말할 수 있다. 그냥 사는 것이 아니라 잘 살기 위함이다. 달리기와 독서를 통해 내 인생은 180도 달라졌다. 목표를 가지고 배우고 실천하다 보니 그동안 계획했던 크고 작은 것들을 많이도 이루었다. 조금은 늦어지고 있는 목표도 있지만 곧 이룰 것을 생각하면 기분이 절로 난다. 그리고 또 다른 목표가 만들어지고 있음에 감사하지 않을 수 없다.

꿈 너머 꿈을 실현하는 것도 나의 사명이다. 아직도 꿈을 찾지 못한 사람, 꿈이 있음에도 시작조차 하지 못한 사람, 어려움을 이기지 못해 포기를 밥 먹듯 하는 사람, 부정적 생각으로 남의 탓 환경 탓만 하는 사람에게 내가 경험한 쉬운 공식을 나눠드리고자 한다. 내가 개발한 공식이 아니다. 앞서간 이슈 인물들이 몸으로 실천하여 생생하게 들려주는 소중한 메시지이다. 그 공식은 바로 '나부터 작은 것부터 지금부터'이다. 내가 경험한 바, 이 공식은 삶의 정석이다. 자기계발의 기본이다. 먼저 행하라, 실천이 답이다. 지금까지의 나쁜 습관을 좋은 습관으로 덧씌우는 작업을 차근차근 해 가야 한다. 그래야 당신이 원하는 삶을 살 수 있다.

그렇다. 이 책은 무언가 새롭게 변하고자 꿈꾸는 사람에게 나이를 초월하여 꿈과 비전을 주기 위함이다. 많은 사람이 '무엇을 할까 어떻게 할까'를 고민할 때 '이렇게 하면 됩니다.'라고 자신 있게 할 수 있는 말은 무엇이 있을까? 누가 보아도 가슴에 꽂히어 고개가 절로 끄떡여지는 그런 예화는 없을까를 고민하면서 6년간 다듬고 다듬어 집필하였다. 이 책이 나오기까지 수고한 행복에너지 권선복 대표, 작가 천훈민, 편집디자이너 서보미님께 감사드리고, 지금까지도 아니 앞으로의 삶도 함께 기도하고 응원할 가족에게 고마운 마음을 전한다.

 미친 짓이란, 같은 일을 반복하면서 다른 결과를 기대하는 것이란다. 너는 왜 평범하게 노력하는가, 시시하게 살기를 원치 않으면서……

나의 사명서

나는 꿈을 꾸고 목표를 세워 실행한다. 성공되고 행복한 삶을 위해 '나부터·작은 것부터·지금부터' 먼저 행하되 열정 더하여 집중하여 실천할 것이다.

1. 가정생활: 나의 일생에 가장 소중한 만남임을 명심하고 믿음·소망·사랑으로 돌본다.
2. 신앙생활: 나는 삼위일체 하나님을 믿으며, 주는 그리스도임을 고백하고, 이웃 사랑을 실천한다.
3. 직장생활: 나는 꿈과 비전을 주는 책을 기획-발행함에 최선을 다하고, 긍정적-적극적 사고로 구성원과 고객에게 최고의 서비스를 제공한다.
4. 사회생활: 나는 더불어 사는 사회의 일원임을 깨닫고, 기본 질서를 지키며, 본이 되는 삶으로 정의를 실현한다.
5. 자기계발: 나는 매일 독서를 통해 새롭고 필요한 지식을 배우고 익혀, 나의 사명을 행함에 있어 지혜자가 되도록 노력한다.
6. 건강증진: 나의 몸과 마음의 건강증진을 위해 매일 규칙적인 운동을 실시한다.
7. 사회공헌: 나는 나눔과 봉사로 그리스도의 사랑을 실천한다.

나는 본 사명을 수행하고, 위와 같은 각 영역에서 원만한 인간관계를 통해 맡은 바 책임을 다하고자 한다. 나의 사명은 성실의 씨앗을 심고, 정직의 뿌리를 내리며, 사랑의 열매를 맺혀 나와 더불어 사는 모든 이들과 함께 나누는 것이다.